Jen Hatmaker

Dein Moment

Über die Autorin

Jen Hatmaker ist in den USA eine bekannte Rednerin und Autorin von zahlreichen Büchern. Weil ihr die Frauen dieser Welt sehr am Herzen liegen, spricht sie auf vielen Konferenzen und Freizeiten, um sie zu ermutigen. Jen Hatmaker lebt mit ihrem Mann Brandon und drei Kindern in Austin, Texas, wo beide hauptberuflich in der Gemeindearbeit tätig sind. Mehr Informationen finden Sie unter www.jenhatmaker.com.

JEN HATMAKER

Dein Moment

Kleine Pausen für Mütter

Aus dem Englischen von Antje Balters

Gerth Medien

Dieses Buch ist der bemerkenswerten Truppe von Müttern gewidmet, die in meinem Leben eine Rolle spielen. Ich kenne keine anderen Frauen, die so schwer arbeiten, so intensiv lieben und auf so echte Weise fürsorglich sind. Ich kann mir keinen einzigen Tag ohne euch an meiner Seite vorstellen.

Inhalt

1

Ich bin perfekt, und meine Kinder streiten sich nie

Mit allem, was sie (die Pharisäer) tun, stellen sie sich zur Schau. Sie tragen besonders breite Gebetsriemen und an den Gewändern auffällig lange Quasten. Bei den Festen wollen sie die Ehrenplätze bekommen, und auch in der Synagoge sitzen sie am liebsten in der ersten Reihe. Es gefällt ihnen, wenn man sie auf der Straße ehrfurchtsvoll grüßt und „Rabbi" nennt.

MATTHÄUS 23,5–7

Mein jüngster Sohn Caleb ist von seiner Persönlichkeit her ein Mensch, den man gemeinhin als *Rakete* bezeichnet. Es ist eine permanente Herausforderung, ihn im Zaum zu halten, aber seine urkomischen Streiche und Eskapaden haben meinen Mann dazu veranlasst, ihn als *unser Familienmaskottchen* zu bezeichnen.

Wenn er mit Erwachsenen spricht, und ich nicht dabei bin, um *aufzupassen*, werde ich richtig nervös, und Calebs Lehrerin in der ersten Klasse gibt mir reichlich Gründe dafür, dass diese Ängstlichkeit nicht nur bleibt, sondern sich stetig verschlimmert.

Caleb hat sich nämlich beispielsweise auf ihre Frage, was die Kinder einmal werden wollen, wenn sie groß sind, eifrig gemeldet und geantwortet: „Wenn ich groß bin, möchte ich Missionar werden und den Menschen was von Gott erzählen, obwohl meine Mama gesagt hat, dass alle Missionare umgebracht werden."

Notiz an mich selbst: Wenn ich den Kindern erkläre, dass wir hier in unserem Land die Freiheit genießen, wann immer wir wollen in eine Kirche zu gehen, und zwar in eine Kirche, die wir uns selbst aussuchen können, dann Vorsicht bei Ausführungen darüber, dass *manche* Leute in *manchen* Ländern gar nicht in die Kirche gehen können und – jetzt kommt's – sogar für ihren Glauben sterben müssen. Es gibt hier nämlich einen Sechsjährigen, der diese Aussage so verdreht, dass ich wie ein Schwachkopf dastehe, wenn er sie wiedergibt.

Stellen Sie sich dazu noch vor, wie ich mir im Gespräch mit besagter Lehrerin wie eine Idiotin etwas zurechtstammele und erkläre, was ich zu meinem Sechsjährigen gesagt habe und warum. Aus irgendeinem Grund war es mir wichtig, dass diese junge Lehrerin mich nicht für seltsam hielt und ich Stoff für Lehrerzimmergeschichten lieferte, was allerdings wahrscheinlich ohnehin schon der Fall war.

Mutter zu sein, setzt offenbar wieder etwas in Gang, das eigentlich mit Ende der Mittelstufe erledigt war.

Wir wollen, dass man gut über uns denkt, uns bewundert und uns in unserer schweren Aufgabe als Mütter mit Bestätigung versorgt. Deshalb neigen wir auch dazu, damit anzugeben, dass unsere Babys länger schlafen, als sie es tatsächlich tun, dass unsere Erziehungsmethoden besser und öfter funktionieren, als es tatsächlich der Fall ist, und dass unsere tolle Strukturiertheit und unser Organisationstalent für einen reibungslosen Familienalltag sorgen, den es in Wirklichkeit so nicht gibt. Wir sind Meisterinnen darin, unser Leben ein bisschen aufzuhübschen, einen Faden Unwahrheit mit einzuweben in einen prachtvollen Wandteppich der Größe und Erhabenheit – während wir Mütter kleiner Kinder es in Wirklichkeit alle mit einem permanenten Kampf mit Windeln und Schmodder zu tun haben.

Jesus kannte diesen Hang zur Schönfärberei und Prahlerei, denn auch für die religiösen Führer seiner Zeit war es typisch, zu posieren, sich zur Schau zu stellen und ein Bild von sich zu präsentieren, das mit der Realität nur herzlich wenig zu tun hatte. Am allerwichtigsten war ihnen, was andere über sie dachten und wie sie wahrgenommen wurden, und sie waren bereit, erhebliche Opfer zu bringen, um so gesehen zu werden, wie sie es sich wünschten.

Moment mal. Wie bitte? Die *Pharisäer* sollen Opfer gebracht haben? Ja, genau. Vor allem indem sie auf echte und ungeschönte Beziehungen verzichteten. Sie verhielten sich nicht wie normale Sterbliche, sodass niemand offen, echt und unverstellt mit ihnen in Beziehung treten konnte. Sie übten moralischen Druck auf die Menschen in ihrem Umfeld aus mit der Folge, dass diese dann genauso viel und so heftig heuchelten wie die Pharisäer selbst. Letztlich müssen sie aus diesem Grund furchtbar einsam gewesen sein.

Dieses Prinzip hat bis heute Gültigkeit. Wenn unser Verhalten von unserem Wunsch und Ziel bestimmt wird, anderen ein bestimmtes Bild von uns zu vermitteln, dann können wir in der ganz normalen – aber eben auch nicht immer ordentlichen – Realität keine gesunden Beziehungen entwickeln, weil diese unordentliche Realität nun mal der einzige Ort ist, an dem sich gesunde Beziehungen entwickeln können. Anderen ein perfektes *Fake-Leben* zu präsentieren, das aber nichts mit der Realität zu tun hat, weckt Ängste, schüchtert ein und schafft natürlich auch nur *Fake-Beziehungen* mit unseren Freunden, mit der Familie und sogar mit unseren eigenen Kindern.

Weil sich die religiösen Führer damals so sehr an Regeln, theologischen Lehrsätzen und an ihrem Image festhielten, konnten sie nicht Jesu Freunde werden, denn dessen engster Freundeskreis bestand aus Prostituierten, Lügnern, Feiglingen und Nobodys. Jesus verlangte ausdrücklich keine Vollkommenheit, vielmehr rangiert Authentizität auf der Liste der Eigenschaften, die Jesus wichtig sind, ganz weit oben. Nicht wie gut wir sind zählt, sondern wie aufrichtig wir in Bezug auf unsere Unvollkommenheit sind. Erst wenn wir in Bezug darauf, wie wir wirklich sind, ehrlich werden, kann Jesus anfangen, die erlösten Töchter aus uns zu machen, die wir in ihm eigentlich schon sind.

Können wir das Imponiergehabe nicht einfach lassen? Können wir nicht im Umgang miteinander aufrichtig sein und um

Hilfe bitten, wenn wir sie brauchen? Können wir nicht unser Scheitern und Versagen eingestehen und aufhören, uns darüber Gedanken zu machen, was andere über uns denken könnten? Können wir nicht einfach zulassen, dass die anderen so sind wie sie sind? Können wir nicht einfach voreinander echt sein – unvollkommen in unserem Menschsein, aber von Jesus angenommen und ganz neu gemacht?

Ich bin dazu bereit, und hoffe, dass Sie es auch sind.

Und wenn Sie und ich echt sind, dann können es auch andere wagen, und irgendwann wagen es vielleicht alle.

- Gibt es in Ihrem Leben einen Kampf, Zweifel, eine Versuchung oder eine Krise – egal ob klein oder groß – von der/dem niemand etwas weiß?

- Was ist der Hauptgrund dafür, dass Sie noch mit niemandem darüber gesprochen haben?

Raus aus dem Schlendergang

Tun Sie heute einen Schritt in Richtung Authentizität. Bei wem können Sie ganz offen und ehrlich sein, ohne etwas vorzutäuschen? Rufen Sie diese Person noch heute an oder schreiben Sie ihr, und bitten Sie sie ganz aufrichtig, an Ihrem Leben teilzuhaben. Vielleicht ist diese Person ja Jesus ...

2

Meine Kinder sind auf dem besten Weg in die Therapie

Wir sind mit unserer Familie genau an dem Wochenende umgezogen, an dem mein Mann und ich eine neue Gemeinde gegründet haben – und das war so ziemlich das Dümmste, was wir jemals gemacht haben.

Zu dem ohnehin schon massiven Chaos, das dadurch hervorgerufen wurde, kam noch erschwerend hinzu, dass unsere Kinder an diesem Wochenende ihre erste Woche in der neuen Schule, die sie wegen des Umzugs hatten wechseln müssen, hinter sich hatten. Und ein geradezu sadistischer Winkelzug des Schicksals bestand dann noch darin, dass am Freitag vor diesem besagten Wochenende das Schulsportfest stattfand, und alle drei Kinder natürlich von mir erwarteten, dass ich dabei war, um sie anzufeuern, Fotos zu machen und was nicht sonst noch alles – so wie all die anderen guten Mütter auch.

Durch den Umzug war leider mein Zeitgefühl etwas durcheinandergeraten, und ich kam eine Viertelstunde zu spät, um, wie versprochen, meinem Vorschulkind sein Mittagessen zu bringen. Ich traf es weinend mit dem Kopf auf der Tischplatte an, und bekam mit, wie andere Eltern vergeblich versuchten, ihm etwas zu essen zu geben, weil sie ihn offenbar für ein Kind aus einer sozial schwachen Familie hielten.

Nach Klärung und Auflösung dieser herzallerliebsten Szene musste ich mich dann auch schon beeilen, um es noch rechtzeitig zum Wettrennen meiner Zweitklässlerin zu schaffen. Ich traf sie mit geröteten und geschwollenen „Ich-habe-geheult"-Augen an eine Mauer gelehnt an.

„Sie sagt schon den ganzen Tag, dass ihr schlecht ist. Sie hat viel früher mit Ihnen gerechnet, und ich glaube, sie ist einfach nur enttäuscht", sagte ihre Lehrerin, was in diesem Moment alles andere als hilfreich war.

Nach einem ziemlich missglückten Versuch der Schadensbegrenzung bei meiner Tochter sprintete ich dann weiter zum Sackhüpfen-Wettkampf meines Viertklässlers, wo ich feststellte, dass er als einziges Kind aus der Klasse kein grünes T-Shirt und kein Stirnband trug und auch keine Wasserflasche dabeihatte. Er sah mich nur mit einer Miene an, die Bände sprach, und weinte später auf dem gesamten Heimweg.

Wer hätte gedacht, dass Elternsein so schwer sein würde? Wer hätte gedacht, dass man den ganzen Tag – und zwar jeden

Tag – an Zehntausende von Kleinigkeiten würde denken müssen? Wer hätte denn damit gerechnet, dass wir mit dem Tag der Geburt unseres ersten Kindes in einen permanenten Konkurrenzkampf mit anderen Müttern treten würden? Wer hätte gedacht, dass wir unsere Kinder so oft enttäuschen würden und wie weh das jedes Mal tun würde? Wer hätte gedacht, dass wir uns permanent darüber Sorgen machen würden, dass unsere Kinder eines Tages auf der Therapeutencouch landen werden?

Werde ich als Mutter jemals genügen?

„Der Schüler kann froh sein, wenn es ihm ergeht wie seinem Lehrer", lehrt Jesus sehr behutsam (Matthäus 10,25, Gute Nachricht).

Wenn der Schüler so wird wie sein Lehrer, dann treten seine Unzulänglichkeiten und Macken – genau wie unser Versagen als Mutter – in den Hintergrund, weil der liebevolle Geist Jesu unser Menschsein zudeckt. Unsere Kinder werden sich nicht an jeden Zettel erinnern, den wir zu unterschreiben vergessen haben, oder an die Woche, in der es sieben Tage hintereinander Hotdogs zum Abendessen gab. Sie werden vergessen, wie wir einmal den Badetag abgeblasen und sie stattdessen für *eine halbe Stunde seliger Stille* mit einem Sesamstraße-Video bestochen haben.

Erinnern dagegen werden sie sich daran, wie wir mit ihnen gebetet und uns ihre kleinen Sorgen und Ängste angehört haben. Sie werden nie vergessen, wie wir uns um die Menschen in unserem Wohnort gekümmert haben, denen es nicht so gut ging wie uns, und wie wir ihnen dadurch den Auftrag nähergebracht haben, den Jesus uns als Christen gibt. Sie werden sich lebhaft daran erinnern, dass wir nicht vorschnell über Menschen geurteilt, dafür aber viel gelacht haben. Unsere Kinder werden sich daran erinnern, wie unbändig und über alles Verstehen und alle Maßen wir sie geliebt haben.

Die richtigen Schulen, die richtigen Vereine, die richtigen Teams … das genügt nicht.

Perfekte Systeme und Lehrbuchmethoden … das genügt nicht.

Vorteile durch Beziehungen oder strategisch geschicktes Engagement … das genügt nicht.

Aber es genügt, wenn ich Geduld aufbringe, wo ich am liebsten wie ein Kleinkind die Finger in die Ohren stecken und schreien möchte. Es genügt, mich zu entscheiden, barmherzig zu sein, wenn sie zum x-ten Mal den gleichen Fehler gemacht haben. Es genügt, Jesus nachzuahmen, der nie durch Reifen gesprungen ist, die ihm hingehalten wurden, sondern der den Lauf der Geschichte durch Gnade und sein Opfer verändert hat.

Sie sind als Mutter *gut genug*, wenn Sie sich so verhalten wie Ihr Erlöser. Wenn Sie reden, wie er geredet hat, lieben, wie er geliebt hat, vergeben, wie er vergeben hat, und lehren, wie er gelehrt hat. Wenn Sie Kinder in diese große, wundervolle, spannende Welt setzen, dann ist das alles, worauf es ankommt, denn daran werden sie sich erinnern und es nachahmen.

Und das genügt.

> *Mutter ist die Bezeichnung für Gott aus dem Mund und dem Herzen kleiner Kinder.*
>
> WILLIAM MAKEPEACE THACKERAY

Empfinden Sie als Mutter es auch so, dass es als Ziel genügt, wie Ihr Lehrer zu werden?

Raus aus dem Schlendergang

Versuchen Sie einmal, für den Rest des Tages, jedes Wort, jede Entscheidung, die Sie treffen und alles, was Sie mit Ihren Kindern tun, erst durch den Filter laufen zu lassen, ob Sie dabei Jesus ähnlich sind – mehr nicht.

3

Eine Zusatzladung (Blödsinn)

Meine Freundin Stephanie ist Lehrerin in einer sehr elitären Grundschule mit vielen Kindern aus privilegierten, wohlhabenden Familien.

In der allerersten Schulwoche einer ersten Klasse wurde sie von einem besorgten (sprich: verrückten) Vater doch tatsächlich gefragt: „Was tun Sie hier eigentlich, um meinen Sohn auf ein Studium in Yale vorzubereiten?"

Darauf antwortete Stephanie schlagfertig und so gar nicht in der Stimmung, sich einschüchtern zu lassen: „Also, zuerst mal gewöhne ich ihm ab, in der Nase zu popeln und die Popel dann in den Mund zu stecken. Dann bringe ich ihm bei, länger als fünf Sekunden auf einer geraden Linie entlangzugehen, und am Ende des Schuljahres kann ich ihm dann sicher eine Empfehlung für Yale schreiben."

Warum machen sich Eltern und insbesondere Mütter eigentlich bei einer ohnehin schon herausfordernden Aufgabe noch zusätzlich Druck? In der Zeit mit kleinen Kindern finden wir uns oft in einer skurrilen Welt wieder, in der wir anfangen zu hyperventilieren, sobald eine andere Mutter ihr vier Monate altes Baby für einen Spanischkurs angemeldet hat und uns versichert, dass sich das Zeitfenster für den Spracherwerb spätestens mit elf Monaten schließt und ihr das für uns jetzt echt leidtut.

Oder eine Frau im Park fragt beiläufig, auf wie vielen Wartelisten Ihr zwei Wochen altes Baby schon steht, und gibt Ihnen damit deutlich zu verstehen, dass, wenn Sie Ihr Kind nicht nach der Montessori-Pädagogik unterrichten lassen (hier könnte man wahlweise auch Waldorf, Reggio oder *was auch immer* einsetzen), Sie ihm dadurch ein Dauerabo beim Schulsozialarbeiter – oder schlimmer noch Schulpsychologen – sichern. (Ich bin ziemlich sicher, dass einer der Gründe für die Redewendung: „Irgendwo auf der Welt ist es immer 17:00 Uhr." dieser Druck von außen ist. Aber Alkohol ist ja bekanntlich auch keine Lösung.)

Dabei ist dieses Phänomen, viel Druck zu machen, gar nicht neu, und es ist auch nicht auf das manchmal richtig fiese Mütteruniversum beschränkt.

Im Judäa des ersten Jahrhunderts nach Christus hatten die religiösen Führer das Sagen, und sie sorgten dafür, dass es extrem kompliziert war, ein Leben im Glaubensgehorsam zu führen. Zusätzlich zu dem Gesetz, das Gott dem Volk Israel durch Mose gegeben hatte (und das allein mich schon dazu gebracht hätte, ernsthaft in Erwägung zu ziehen, die 17-Uhr-Cocktail-Gewohnheit aufzunehmen), bürdeten sie den Israeliten Unmengen von weiteren Regeln und Einzelbestimmungen auf.

Die religiösen Führer erweiterten die Zehn Gebote zu einem derart komplexen System von Regeln und Anweisungen, dass so ziemlich alles außer dem Atmen irgendwie anstößig war. So wurde beispielsweise das einfache Verbot, bestimmte Fleischsorten zu essen, zu einem System von Speisegesetzen aufgebläht, das kaum einzuhalten war. Kein Wunder, dass die Juden in Bezug darauf, ob das, was sie aßen, auch wirklich koscher war, geradezu paranoid wurden.

All diese zusätzlichen Regeln, Bestimmungen, Gesetze und Maßstäbe wurden in einem Begriff zusammengefasst, den jeder Jude kennt, der mit der erdrückenden Last eines unmöglich zu haltenden Gesetzes lebt: das Joch.

Dabei hatte auch noch jeder einzelne Rabbi *seine* eigene Auslegung der Bestimmungen und Regeln – also sein eigenes Joch. Und weil diese Zusatzregeln so individuell waren, konnte man leicht erkennen, wer Anhänger von welchem Rabbi war. Von ihnen wurde nämlich erwartet, dass sie dessen Auslegungen und Regeln übernahmen – und zwar mit allem Drum und Dran: Den Schuldgefühlen, der Beschämung, der Verdammung, dem Scheitern und dem Versagen.

Und da kommt Jesus ins Spiel.

Kommt alle her zu mir, die ihr euch abmüht und unter eurer Last leidet! Ich werde euch Ruhe geben. Vertraut euch meiner Leitung an und lernt von mir, denn ich gehe behutsam mit euch um und sehe auf niemanden herab. Wenn ihr das tut, dann findet ihr Ruhe für euer Leben. Das Joch, das ich euch auflege, ist leicht, und was ich von euch verlange, ist nicht schwer zu erfüllen.

MATTHÄUS 11,28–30

Wie bedeutsam müssen diese Worte für den ganz normalen erschöpften, völlig erledigten Juden gewesen sein, der sich nach Entlastung sehnte!

Sehen Sie jetzt, inwiefern dieser Rabbi so ganz anders war als seine Zeitgenossen? So ist unser Erlöser. Er nimmt den unnötigen Druck und die sinnlose Gesetzlichkeit – egal, ob sie uns aufgezwungen wird oder selbst auferlegt ist – schiebt beides behutsam beiseite und sagt: „Komm doch zu mir!"

Er schenkt eine Ruhe, die es nur bei ihm gibt. In seiner Nähe, seinen Armen, können wir unterscheiden, was wichtig und was unwichtig ist, worauf es ankommt, und was einfach nur optional ist, was wesentlich ist für unsere heilige Aufgabe als Mütter und was lediglich nur kultureller Druck ist. Jesus hat immer dem Einfachen vor dem Komplizierten den Vorzug gegeben, dem Schlichten vor dem Aufwendigen.

Erkennen Sie seinen Geist hinter dem, was er sagt? Er möchte nicht, dass Mütter in Schuldgefühlen und Selbstverdammung verkümmern. Es gefällt ihm gar nicht, wenn Selbstzweifel an Ihnen nagen und Sie sich ausgerechnet in der Zeit, in der Sie Ihre süßen Kleinen großziehen, unnötig mit Selbstzweifeln quälen. Kommen Sie zu ihm, zu seiner behutsamen und unaufgeregten

Art. Kommen Sie dorthin, wo Sie nicht auf jeden Hinweis oder Vorschlag irgendwie reagieren und sich nicht jeder Kritik aussetzen oder gar beugen müssen.

Kommen Sie zu ihm und ruhen Sie sich aus.

Sein Joch ist leichter als das, welches Sie sich selbst auferlegen.

Welches selbst auferlegte Joch macht Sie fertig und raubt Ihnen die Freude?

Raus aus dem Schlendergang

Was müssten Sie loslassen, um stattdessen das Joch Jesu auf sich nehmen zu können? Welchen konkreten Schritt könnten Sie tun, um diesen Befreiungsprozess heute noch in Gang zu setzen?

4

Dreifach heilig

Vor Kurzem fuhren meine Schwestern und ich zusammen nach Wichita, Kansas, um an der offiziellen Verabschiedung meines Vaters als Pastor der Gemeinde teilzunehmen, in der wir groß geworden sind. Das müssen Sie sich folgendermaßen vorstellen: Orgelmusik, die Mitglieder des Chores in speziellen Roben und wir in Kleid und Feinstrumpfhose (dieses Teufelszeug). Aus irgendeinem Grund, der mir inzwischen entfallen ist, saßen wir in der ersten Reihe. Dazu sei angemerkt, dass meine Schwestern und ich uns eigentlich immer danebenbenehmen, und die einzige Veranstaltung, bei der wir in der ersten Reihe sitzen sollten, ein *Bon Jovi* Konzert ist. Die einhundert Chorsänger blickten uns durchdringend an und schienen regelrecht zu erwarten, dass wir während dieses Gottesdienstes unweigerlich Schande über die ganze Familie bringen würden.

Der Pastor, der den Anbetungsteil des Gottesdienstes leitete, hatte gleich zu Beginn seinen Auftritt – mit seiner sehr speziellen Frisur, seinem Hang zum Melodramatischen und dramatisch

gerollten Rs – und weil er offenbar das Rampenlicht nur ungern wieder verlassen wollte, zog er die Zeit, die er auf der Bühne hatte, durch ein Gebet noch ein wenig in die Länge. Und dann betete er – so wahr mir Gott helfe – Folgendes:
„Ooooh, guter Gott der Ernte (dramatische Pause) … Du. Bist. DREIFACH! HEILIG!“

Weil ich so reif und erwachsen bin und außerdem eine christliche Autorin und Referentin, brach ich in Lachen aus. In dieser Hysterie, die einen befällt, wenn man um jeden Preis einen Lachanfall verhindern will, saß ich mit bebenden Schultern da, die Hände fest auf den Mund gepresst, während mir Tränen übers Gesicht liefen. Und meine Schwestern waren keinen Deut besser als ich, sodass wir zu dritt in den Lachflash-im-Gottesdienst-Albtraum gerieten. Ich versuchte an richtig schlimme Sachen zu denken, um dem Spuk ein Ende zu bereiten – *Tod, Krankheit, Mangelernährung, die extrem hohe Luftfeuchtigkeit* –, aber nichts half. Sobald eine von uns Schwestern sich wieder einigermaßen eingekriegt hatte, begannen die Schultern einer anderen zu beben, und schon war wieder alles vorbei. Die Chorsänger schienen darüber nicht gerade erfreut, und meine Mutter hätte uns am liebsten gemeuchelt. (Ich würde jetzt gerne schreiben, dass Teenager nun mal so sind, aber wir waren schließlich alle schon über dreißig. Wirklich traurig.)

War das wirklich sein Ernst? „Dreifach heilig?“ Gibt es diesen Ausdruck überhaupt? Ich weiß nicht, ob der Terminus Gott oder die Gemeinde beeindrucken sollte, aber ich werde bis an mein kühles Grab behaupten, dass das weder beim einen noch beim anderen gelang. Was hat es eigentlich mit dieser Art von besonders spektakulärem Gebet für eine Bewandtnis? Was sollen diese wortreiche und überkandidelte Redeweise und die Sprache Kanaans? Warum wird die Gemeinschaft der Christen dermaßen gequält mit Gebeten, die einfach nur schräg klingen, durchsetzt sind von Worthülsen und der übermäßigen Benutzung von Worten wie „Herr" und „einfach"? (Herr, ich möchte dich einfach bitten ...)

Wir können vielleicht nichts Besseres und Wichtigeres für unsere Kinder tun, als für sie zu beten. Es ist die Aufgabe einer Mutter, für ihre Kinder zu beten, solange sie es selbst noch nicht können, weil sie noch nicht über den nötigen Wortschatz, das Verständnis und die Erkenntnis verfügen. Wir treten für sie ein und beten für ihr Wohl, für Gaben und für ihr Leben, so wie der Heilige Geist es uns zeigt.

Wenn wir beten, dann geht es dabei kein bisschen um schöne – oder seltsame – Worte. Es kommt nicht darauf an, dass sich das Gebet schön anhört, ob es fließend ist, eine erkennbare oder gar logische Gliederung hat oder lang genug ist. Man muss kein geübter Beter sein, der sich damit auskennt, öffentlich zu beten oder die fromme Sprache fließend beherrscht. Im Gegenteil, Jesus mag so etwas noch nicht einmal besonders. Das hat er einmal folgendermaßen formuliert:

> *Leiere nicht gedankenlos Gebete herunter wie Leute, die Gott nicht kennen. Sie meinen, sie würden bei Gott etwas erreichen, wenn sie nur viele Worte machen. Folgt nicht*

ihrem schlechten Beispiel, denn euer Vater weiß genau, was ihr braucht, schon bevor ihr ihn um etwas bittet.

MATTHÄUS 6,7–8

Es kommt nicht darauf an, wie wir es sagen, sondern *dass* wir es sagen: „Bitte, Gott, zieh meine Kinder so früh wie möglich und so klar und deutlich wie möglich zu dir hin." Welche Worte Sie wählen, um das zum Ausdruck zu bringen, ist völlig unwichtig. Entscheidend ist, dass Sie beten: „Heiliger Geist, bitte leite du meinen Sohn jede Sekunde seines Lebens." Es ist völlig egal, ob wir beim Beten in unserem Auto sitzen oder irgendwo knien und sagen: „Jesus, bitte zeige meinen Kindern, wie man so liebt wie du."

Manchmal wissen wir ja noch nicht einmal, um was wir bitten sollen; wir sind nur absolut darauf angewiesen, dass Gott in das Leben unserer Kinder eingreift.

Und hier kommt die gute Nachricht:

Dabei hilft uns der Geist Gottes in all unseren Schwächen und Nöten. Wissen wir doch nicht einmal, wie wir beten sollen, damit es Gott gefällt! Deshalb tritt Gottes Geist für uns ein, er bittet für uns mit einem Seufzen, wie es sich nicht in Worte fassen lässt. Und Gott, der unsere Herzen durch und durch kennt, weiß, was der Geist für uns betet. Denn im Gebet vertritt der Geist die Menschen, die zu Gott gehören, so wie Gott es möchte.

RÖMER 8,26–27

Und weil Jesus Christus ewig lebt und für uns bei Gott eintritt, wird er auch alle endgültig retten, die durch ihn zu Gott kommen.

HEBRÄER 7,25

Sie, Jesus und der Heilige Geist umbeten Ihre Kinder gut – ja, sogar perfekt. Ihre Gebete mögen vielleicht nur bruchstückhaft sein, aber Jesus lebt, damit er für Ihre Kleinen eintreten kann; der Heilige Geist bittet in Übereinstimmung mit dem Willen Gottes für sie, und dieser Wille schließt ein, dass sie gerettet werden, intakte Beziehungen haben und dass sie einen Auftrag, Gaben und ein Ziel haben – alles eben, was Sie sich auch für Ihre Kinder wünschen. Sie sind also nicht allein mit ihren Gebeten.

Es sind Sie plus Jesus plus der Heilige Geist …

Und *das* ist wirklich dreifach wunderbar.

- Wie empfinden Sie es, wenn Sie beten?
- Wenn Sie einmal alle Blockaden in Bezug auf „richtiges Beten" hinter sich lassen könnten, würden Sie dann häufiger für Ihre Kinder beten?

Raus aus dem Schlendergang

Was wäre heute Ihr dringendstes Gebetsanliegen?
Beten Sie dafür.

5

McDonald's, Rudelbildung und andere Überlebensstrategien

Allein im Auto unterwegs zu sein, finde ich ganz furchtbar. Anfangs gefällt mir diese Vorstellung immer wieder unglaublich gut. Dann liebe ich den Gedanken, einmal ohne die immer und ausnahmslos einsetzende Dauerbeschallung durch die Kinder zu sein, die wie winzige Messerstiche auf mich einstürmt und sich in die dünne Haut meiner geistigen Gesundheit bohrt:

„Mami? Weißt du, wie man teleportiert?"

„Mami? Wie viele Sekunden lebst du schon?"

„Mami? Wie viel ist fünf Milliarden mal zehn Millionen?"

„Mami? Wenn ich aufs College komme, bist du dann schon tot?"

Doch die Realität ist dann meist ganz anders, als ich es mir in meiner schönen und friedvollen Theorie vorgestellt habe. Wenn ich nämlich allein im Auto sitze, langweile ich mich schon nach kurzer Zeit und werde müde. Wenn mein Arm auf dem Lenkrad liegt, fällt mir auf, wie schlaff Muskeln und Haut an meinem Oberarm geworden sind, sodass ich richtige Schlabberarme habe. Und dann steigere ich mich in das miese Gefühl hinein, Schlabberarme zu haben und kneife mir mit der jeweils freien Hand in den Schlabberoberarm. Ich verspreche dann besagtem Schlabberoberarm, mit ihm ins Fitnessstudio zu gehen und zu versuchen, ihn wieder fit und straff zu bekommen, und dabei gerate ich dann auf den Seitenstreifen, und dann erschrecke ich natürlich, sodass ich für mindestens vier Minuten wieder aufmerksam bin. Ich gehe alle Radiosender durch und stelle fest, dass ich keinen der Songs, die da gerade angesagt werden, kenne – und *dabei war ich vor ein paar Jahren noch richtig cool.* Mannomann.

Bin ich nicht langsam mal da?

Ich hätte eine Freundin mitnehmen sollen.

Allein unterwegs zu sein, ist gar nicht zu vergleichen mit einer Fahrt in Gesellschaft einer Freundin. Freundinnen helfen einem, die schwere Last der Verantwortung als Mutter zu tragen und einen daran zu erinnern, dass man nicht verrückt ist. Sie beschweren sich nicht, wenn einen die Kinder beim Telefonat mit ihnen alle zwölf Sekunden unterbrechen. Sie beteiligen sich bereitwillig an Diskussionen über Erziehung, bei denen der eigene Mann immer schnell die Geduld verliert, und Freundinnen zucken nicht einmal mit der Wimper, wenn man plötzlich *ohne ersichtlichen Grund* in Tränen ausbricht.

Die Art, wie wir einander als seine Jünger und Jüngerinnen lieben, einander helfen und unser Leben miteinander teilen, ist für Jesus sehr wichtig.

Ganz am Anfang, bei der Schöpfung, gab es ein großes Problem, das da lautete: „Es ist nicht gut, dass der Mensch allein sei." Und so begann die Geschichte der Verbindung zwischen Menschen. Zwei sind besser als einer, und gemeinsam ist besser als einsam.

Ich muss sagen, dass ich nie so anfällig war für Isolation und sie nie so stark empfunden habe wie in der Zeit, als die Kinder noch klein waren. Mutter kleiner Kinder zu sein, kann wirklich eine einsame Angelegenheit sein. Weil ich so gestrickt bin, dass ich eine feste Struktur in meinem Alltag brauche, habe ich jahrelang Tag für Tag morgens Babys angezogen und gefüttert – aufgeräumt – ein Kind zum Vormittagsschlaf hingelegt – Mittagessenchaos produziert – Kinder zum Mittagsschlaf hingelegt – Abendessen gekocht – Kinder gebadet – Gutenachtgeschichte vorgelesen – Licht aus – und mich dann gegen 20:00 Uhr das erste Mal hingesetzt.

Da war es wirklich *schwer*, noch Zeit und Raum für Freundschaften abzuzwacken. Aber ich habe es trotzdem immer wieder versucht. Ich habe mich mit Freundinnen und ihren Kindern zum Spielen verabredet, bis wir es im Schlaf beherrschten. Wir haben im Haus der jeweils anderen unsere Babys schlafen gelegt, haben sie zusammen gebadet, sie gemeinsam gefüttert, haben so oft in einem bestimmten Schnellrestaurant gegessen, dass uns die Angestellten mit Namen kannten, und wir haben wohl in jedem Park im Großraum Austin gepicknickt. Ich habe den Babys meiner Freundinnen beinah genauso oft die Windeln gewechselt wie meinen eigenen und ebenso oft ihre Kinder auf die „Stille Treppe“ geschickt wie meine eigenen. Ich habe bei den Kindern meiner Freundinnen Erste Hilfe geleistet, und sie haben meine aus dem Swimmingpool gerettet. Wir haben Kinder getauscht, uns gegenseitig Kinder abgenommen, Kinder ausgeborgt und Kinder bei der anderen abgeladen.

Meine Freundinnen sind der Grund, dass ich die Kleinkindzeit meiner Kinder überhaupt überlebt habe.

> *Ich gebe euch jetzt ein neues Gebot: Liebt einander! So wie ich euch geliebt habe, so sollt ihr euch auch untereinander lieben. An eurer Liebe zueinander wird jeder erkennen, dass ihr meine Jünger seid.*
>
> JOHANNES 13,34–35

Wenn wir einander so lieben sollen, wie Jesus uns liebt, dann ist es auch aus ganz praktischer Sicht sinnvoll, sich in der Zeit zusammenzutun, in der man kleine Kinder hat.

Denn – so wie Jesus uns – lieben wir einander auch dann noch, wenn wir durchgedreht, ausgebrannt, hysterisch und erschöpft sind. Wir unterstützen einander und stehen uns gegenseitig bei in der wohl anstrengendsten und nervenaufreibendsten Phase des Elternseins. Wir lassen nicht zu, dass ein Mitglied unseres Stammes unter dem Radar hindurch entwischt oder in der Isolation untergeht. Wir tragen die Last der Erziehung gemeinsam, sodass sie für alle leichter zu stemmen ist. Wir erinnern unsere Freundinnen daran, das Lachen nicht zu vergessen und bringen bei den jeweils anderen deren Bestes zum Vorschein.

Was uns zusammenbringt, ist unsere Aufgabe als Mütter, aber die Liebe ist der Klebstoff, der uns zusammenhält. Wenn wir zu beschäftigt sind, um einander auf diese Weise lieb zu haben, dann ist das ein Alarmsignal, denn dann ist es wirklich zu viel. Wir brauchen unsere Freundinnen. Wir brauchen Rat und Gemeinschaft, Mitgefühl und jede Menge Humor.

„Ihr *sollt* einander lieben", sagt Jesus.

Ja, das müssen wir wirklich.

Freuen Sie sich an der Spezies Mütter kleiner Kinder, oder sind Sie einsam und isoliert? Warum ist das so?

Raus aus dem Schlendergang

Suchen Sie heute den Kontakt zu einer anderen Mutter oder einer Gruppe von Müttern. Laden Sie sie zu sich ein, planen Sie eine Verabredung zum Spielen, organisieren Sie ein Picknick oder was auch immer. Brauchen Sie eine Freundin? Dann seien Sie eine.

6

Häschen ohne Messer

Der Leitsatz der *Austin New Church*, die Brandon und ich gegründet haben, lautet: „Liebe deinen Nächsten. Diene deiner Stadt." Die Gemeinde hat im Osten von Austin, in einer Gegend, in der überwiegend sozial schwache Latinos leben, einen Ableger, und im Sommer wird dort für die Kinder immer eine Sommerbibelschule angeboten.

Es gibt wahrscheinlich kaum jemanden auf dieser Welt, der weniger mit kirchlicher Kinderarbeit am Hut hat als ich, aber wenn man mich im Osten der Stadt bei einer Horde von dunkelhäutigen, hinreißenden Kids absetzt, dann erfinde ich zur Not einen Grund, um dortbleiben zu können. Weil ich aber, wie gesagt, wirklich nicht gerade begnadet bin in Sachen Kinder- und Jugendarbeit, wurde ich bei besagter Aktion ziemlich vage als „Bastelhilfe" ohne klar definierte Aufgaben eingeteilt.

Als ich den Kindern beim Malen zuschaute, fiel mir Carlos – ungefähr sieben Jahre alt – auf, der ein beeindruckendes Häschen malte. (Das Häschen hatte absolut nichts mit der biblischen

Geschichte zu tun, die an diesem Tag an der Reihe war – wie Jesus auf dem Wasser geht –, aber Kunst ist ja schließlich etwas Subjektives, oder?) Ich beugte mich zu ihm hinunter, um es mir genauer anzuschauen und sagte: „Schön, Carlos! Hey, was hat denn das Häschen da in der Hand?“

„Ein Messer“, antwortete er, ohne aufzublicken und auch ohne irgendwelche Emotionen oder weitere Erklärungen.

Na gut. Wieso sollte ein unschuldiges kleines Häschen auch kein Messer dabeihaben? War es nicht eigentlich sogar besser für Häschen, bewaffnet zu sein? Wenn man niedlich und kuschelig ist, lädt man Angreifer ja geradezu ein, und dann ist es doch schlau, sich wehren zu können, oder? Man glaubt vielleicht, dass ein Häschen leichte Beute ist, aber bei Carlos' Häschen hatte man sich da getäuscht, es wird einen stechen.

An das Messer schwingende Häschen von Carlos muss ich denken, wenn ich lese, wie Jesus seine Jünger mit einem Auftrag in die Welt hinausschickt:

> *Denkt daran: Ich schicke euch wie Schafe mitten unter die Wölfe. Seid klug wie Schlangen, und doch frei von Hinterlist wie Tauben.*
>
> MATTHÄUS 10,16

Das griechische Verb, das hier mit „klug“ übersetzt wurde, kann auch wörtlich mit „weise“ und „umsichtig“ übertragen werden. Und es enthält außerdem den Bedeutungsaspekt von Eifer, Wachsamkeit, Urteilsvermögen, der Fähigkeit, im richtigen

Moment das Richtige zu sagen und dabei den Zusammenhang im Blick zu behalten, und den des gesunden Menschenverstandes. Es ist jedenfalls das Gegenteil von naiv oder unbedarft.

Mütter schätzen Situationen ein und achten auf Gefahrensignale und Alarmzeichen. Mütter folgen ihrem Instinkt und hören auf ihr Bauchgefühl. Müttern ist klar, dass Erziehung unwägbares Gelände ist, das sich ständig verändert und voller Tretminen und Fallgruben ist. Kluge Eltern sind immer aufmerksam und bei der Sache und lassen sich nicht durch Apathie oder Naivität ablenken, während sich der Feind an ihre Kinder heranmacht.

Doch viele Mütter konzentrieren sich in erster Linie auf die zweite Hälfte dieser komplizierten Aussage – „frei von Hinterlist wie die Tauben“ – und beschließen, den Tretminen aus dem Weg zu gehen, ihre Kinder in aller Unschuld zu erziehen und „klug“ zu sein, indem sie sie einfach von der Welt fernhalten. Sie glauben, dass ihr Kind vielleicht eine Art Junior-Jesus wird, wenn sie ihm eine heile Welt schaffen, indem sie es in die Watte einer christlichen Subkultur packen.

Doch wenn wir uns einmal anschauen, in welchem Zusammenhang Jesus diese Aussage macht, muss uns klar sein, dass die Absonderungsstrategie nicht aufgehen kann: „Ich schicke euch“, sagt er, und das ist absolut eindeutig und kein bisschen kompliziert. Er sagt uns einfach, wie wir uns verhalten sollen, wenn wir gehorchen und das tun, was wir als Menschen tun sollen, die „von Jesus *geschickt*“ sind. Jedenfalls sollen wir uns nicht zusammen mit anderen Christen absondern und die Kultur meiden, in der wir leben.

Jesus weiß doch, dass Christen in einem Umfeld leben, das moralisch nicht blütenweiß ist. Er würde sich niemals für eine moralische Reinheit aussprechen, für die es Voraussetzung ist, den Kontakt mit der Unreinheit der Welt völlig zu meiden. Jesus hat sein Leben in der Öffentlichkeit geführt, mitten unter den Menschen. Er hat mit Menschen gefeiert, die allgemein als Sünder bekannt waren, hat sie zu Hause besucht und mit ihnen gegessen, sodass sein Ruf bei den moralischen Saubermännern in der Bibel so beschrieben wird: „Er frisst und säuft, und seine Freunde sind die Zolleinnehmer und Sünder!" (Matthäus 11,19).

Er schickt uns los mit einer unschuldigen Klugheit, wobei „unschuldig" hier im Sinne von „arglos" beziehungsweise „friedfertig" zu verstehen ist.

Jesus schickt uns nicht in diese gefallene und geschundene Welt, damit wir ihn erklären, sondern um ihn zu repräsentieren. Wir sollen genau mit Leuten wie denen reden, die er damals angesprochen hat. Wir sollen sagen, was er gesagt hat und diejenigen lieben, die er geliebt hat. Und das sollen wir tun, ohne das, was wir weitergeben, durch Urteile oder Angriffe und Vorwürfe zu färben. Wenn unser Weltbild die Vorstellung beinhaltet, dass wir *gegen* die Kultur, in der wir leben, kämpfen sollen wie gegen einen Feind, dann haben wir nicht begriffen, worum es geht. Wir sollen unseren Erlöser nachahmen, und das tun wir, indem wir als liebende Menschen, die noch dabei sind ihren Schöpfer kennenzulernen, *für unsere* Kultur kämpfen.

Wieso sollte uns Jesus sonst sagen, dass wir klug sein sollen? Wenn wir uns vom Rest dieser Welt fernhalten müssten, um als

Christen durchs Leben zu navigieren, dann bräuchten wir diese Eigenschaft doch gar nicht. Dann wären wir doch „sicher", weil getrennt von den schlimmen, bösen Menschen aus der Welt. Doch Jesus sieht bei diesen Menschen das Zerbrochene, die Einsamkeit, die Verzweiflung und die Sehnsucht nach einem Retter.

Wir erweisen unseren Kindern einen Bärendienst, wenn wir sie von genau der Welt abschotten, bei deren Rettung sie eigentlich helfen sollen. Dazu sind sie nämlich geschickt. Was für Jünger sind wir denn, wenn unsere Kinder die real existierende Welt als völlig ahnungslose geschockte junge Erwachsene betreten, und deshalb schlecht oder gar nicht dazu ausgerüstet sind, mit den geistlich Orientierungslosen oder Verirrten in Kontakt zu treten und zu verstehen, was in ihrem Umfeld vor sich geht? In der Absicht, ihre Unschuld zu bewahren, schicken wir sie unvorbereitet und naiv los: wie Häschen ohne Messer, verwundbar und wehrlos.

Unsere Kinder sollten regelmäßig für die Kinder und Jugendlichen von ihrer Schule und in ihrer Nachbarschaft beten. Sie sollten lernen, sich mit denen anzufreunden, die allein sind, ausgegrenzt, verloren und ungeborgen – kurz, mit den Verlierern – und ihnen vermitteln, dass sie nicht verurteilen und ausgrenzen, sondern liebevoll miteinander umgehen.

Schaffen Sie ein glückliches Zuhause, in dem sich Menschen, die Gott nicht kennen oder nichts mit ihm zu tun haben, willkommen fühlen.

Es ist nicht Ihre Aufgabe, kleine Heilige zu erziehen, die auf einen Sockel gestellt und bewundert werden sollen, sondern Sie haben die Aufgabe, Ihre Kinder als Jünger in diese Welt zu schicken, die ihren Auftrag kennen und zur Ehre Gottes kämpfen.

Erleben Ihre Kinder bei Ihnen, dass Sie die Verlorenen, die Armen und die geistlich Entfremdeten und Abgehängten lieb haben?

Raus aus dem Schlendergang

Laden Sie eine Mutter, die Jesus noch nicht kennt, mit ihren Kindern zu sich nach Hause oder in Ihre Gemeinde ein. Dabei sollte Ihr Ziel kein anderes sein, als sie lieb zu haben und sie entsprechend zu behandeln. Treten Sie einfach für Jesus so gut Sie können ein.

7

Ach, du lieber Himmel

Wenn ich den Blick über mein Bücherregal schweifen lasse, sehe ich eine Million Eltern- und Erziehungsratgeber. Ich hatte schon acht Bücher über Babys gelesen, bevor ich selbst eines zur Welt brachte. Ich habe Kurse für eine sanfte Geburt besucht, Baby-Wise Kurse (lassen Sie das lieber sein) und Kurse über Kindererziehung. Ich habe an Diskussionsgruppen über den Umgang mit Teenagern teilgenommen, Gesprächsgruppen über ausgewogenes Muttersein angeregt und geleitet, ich habe mir hilfreiche Predigten zu Erziehungsthemen heruntergeladen und unzählige Websites dazu gelesen. Und ich habe Listen und Pläne erstellt, wie man Haushalt, die Hausaufgaben, Übernachtungspartys mit Freunden der Kinder, die Betreuung in den Sommerferien und vieles mehr organisiert.

Doch dann wurde ich mit der Realität des Mutterdaseins konfrontiert und ein großer Teil von alldem, was ich mir durch Seminare und Bücherlesen angeeignet hatte, war Makulatur.

Denn es passiert nun mal, dass trotz sorgfältiger Vorbereitung,

Planung und Organisation Ihr Zweijähriger sich mitten im Supermarkt die Windel auszieht und dann fröhlich den Gang entlangrennt. Sie rennen natürlich wild schreiend hinterher, als wären Sie aus der Psychiatrie entlaufen. Es kann auch passieren, dass Sie für eine Verabredung zum Spielen alles perfekt vorbereitet haben und dann Ihre Tochter das Baby Ihrer neuen Freundin beißt und als Krönung auch noch deren Handy ins Klo wirft.

Und es kommt vor, dass Ihr Erstgeborener – ja genau der, für den Sie all die Babybücher gelesen, und den Sie zehn Jahre liebevoll erzogen haben – seinen kleinen Mund aufmacht und eine freche Bemerkung in Ihre Richtung abschießt. Sie aber stehen gerade absolut unter Strom und es rutscht Ihnen daraufhin die Bemerkung heraus, dass er sich doch bitte eine Schaufel holen, in den Garten gehen und sich dort sein eigenes Grab schaufeln soll. Ich brauche an dieser Stelle sicher nicht extra zu erwähnen, dass so ein Verhalten in Erziehungsbüchern und -sendungen nicht vorkommt und heftiges Stirnrunzeln auslösen würde.

Es verwundert wahrscheinlich auch nicht weiter, dass ich in dem Moment, als ich meinem Sohn gegenüber diese furchtbare Äußerung machte, sehr erschöpft war, völlig überfordert und weder in der Bibel las noch regelmäßig betete – kurz: geistlich auf dem Zahnfleisch ging. Der einzige Input, den ich hatte, waren quengelnde Kinder, Berge von Wäsche, ein Fernsehmarathon mit Lillifee- und Conni-Geschichten und vierhunderttausend Briefe und Mails von der Grundschule, die bearbeitet werden mussten.

Laut Jesus gibt es für so etwas eine einfache Erklärung:

Wovon das Herz erfüllt ist, das spricht der Mund aus! Wenn ein guter Mensch spricht, zeigt sich, was er Gutes in sich trägt. Doch ein Mensch mit einem bösen Herzen kann auch nur Böses von sich geben.

MATTHÄUS 12,34–35

Das Muttersein ist ein Fass ohne Boden, in das ständig Energie, Geduld und Toleranz gefüllt wird und einfach durchläuft. Das wird jede Mutter bestätigen, die ehrlich ist. Kommt dann noch etwas dazu, wie beispielsweise ein Kind mit besonderem Förderbedarf, der Umstand, dass man alleinerziehend ist, finanzielle Probleme hat oder eine kriselnde Ehe, ist es wirklich kein Wunder, wenn wir völlig ausgebrannt sind und nichts mehr zu geben haben.

Freundlich und geduldig zu bleiben, und den Kindern nicht mit Mord zu drohen, ist nur dann möglich, wenn wir dafür sorgen, dass unsere geistlichen Reserven nicht völlig aufgebraucht werden. Im Leben von Müttern fließt ständig Energie ab, aber wenn nicht auch Kraft, Gnade und Frieden wieder zufließen, dann ist das Gleichgewicht in Gefahr.

Nur wenn Gutes hereinkommt, kann auch Gutes weitergegeben werden.

Das ist eine simple Tatsache, die von Jesus und jedem anderen Erziehungsexperten bestätigt wird, aber die meisten Mütter nehmen sie nicht ernst. Wir haben viel zu viel um die Ohren, um auch noch in der Bibel zu lesen. Wir sind zu müde, um zu beten. In unserem Leben ist einfach zu viel los, um an einem Hauskreis oder einer Kleingruppe teilzunehmen. Unter der Flagge der Selbstlosigkeit vernachlässigen wir unsere geistliche Gesundheit und sabotieren damit genau den Dienst, den wir eigentlich tun wollen.

Wenn das Wort Gottes in meinem Leben präsent ist und in meinem Alltag eine ganz praktische Rolle spielt, dann kann ich auch dann noch, wenn mein Baby zum vierten Mal sein Getränk verschüttet, sagen: „Ach, es ist nur ein verschüttetes Getränk." Wenn ich aber geistlich völlig ausgetrocknet und am Rande bin, dann kann es sein, dass ich neben der Apfelsaftpfütze auf dem Boden liege und heule. Sobald Jesus seinen Frieden in mein Leben hineinspricht, kann ich klar sein und gegebenenfalls auch Konsequenzen folgen lassen, wenn mein Kleinkind seinen dritten Wutanfall an einem Vormittag hat. Hat mein Fass aber keinen Boden, schließe ich mich wahrscheinlich eher im Bad ein und schreie so laut ich kann.

Wovon das Herz erfüllt ist, das spricht der Mund aus.

Wenn der Speicher mit gutem Input leer ist, wo soll ich denn dann Geduld hernehmen? Oder Gnade oder Langmut? Mutter kleiner Kinder zu sein, ist einfach zu anstrengend, um es ohne eine tiefe Verbindung mit Jesus zu schaffen. Ich weiß nicht, wie Frauen es ohne ihn schaffen.

Nein, Sie brauchen nicht jeden Tag stundenlang Bibel zu lesen, und es ist auch nicht nötig, die griechische Originalbedeutung von biblischen Begriffen nachzuschlagen oder Gliederungen zu erstellen. Und nein, Sie brauchen auch keine Gebetsecke mit Kerzen und Lobpreismusik zu gestalten.

Ein einfacher Moment am Tagesanfang, bevor Sie sich um

irgendetwas oder irgendjemanden kümmern müssen, ein Augenblick nur zwischen Ihnen und Jesus und seinem wunderbaren Wort genügt und ist von entscheidender Bedeutung. Da wird Güte getankt für den Tag – und die werden Sie brauchen, denn sie ist nur begrenzt haltbar.

Das ist die Zeit, in der Jesus Sie erinnert: „Du schaffst das, denn ich bin bei dir." Da finden Sie Ihre Mitte und können später im Ernstfall denken, dass verschüttete Getränke und Trotzanfälle nur ein winziger Punkt auf dem Zeitstrahl Ihres Lebens sind. Es ist die Zeit, in der Gott Ihnen zuflüstern kann: „Ich habe alles, was du brauchst."

Wenn Gutes hereinkommt, kann auch Gutes wieder hinausgegeben werden.

- Wie sorgen Sie dafür, dass *Gutes hereinkommt*?

- Erkennen Sie einen Zusammenhang zwischen dem, womit Sie sich tagtäglich beschäftigen und dem, was so aus Ihrem Mund kommt?

Raus aus dem Schlendergang

Stellen Sie heute Abend vor dem Schlafengehen Ihren Wecker 15–20 Minuten früher als sonst. Lesen Sie in dieser Zeit einen Psalm (oder sonst eine Bibelstelle, die Sie möchten) und dann beten Sie still für sich. Lassen Sie *Gutes herein!*

8

Kleine versteckte Überraschungen

Mein Mann und ich sind fest entschlossen, Kinder zu erziehen, die keine Last für die Gesellschaft sind. Ich möchte nicht irgendwann meinen künftigen Schwiegerkindern gegenübersitzen und sagen müssen: „Tut mir echt leid."

Unsere einzige Chance, dass das gelingt, besteht darin, Kinder zu erziehen, die Jesus lieb haben und von seinem Reich begeistert sind. Nur Jesus kann dafür sorgen, dass nicht irgendwann jemand noch mit neunundzwanzig bei uns auf dem Sofa schläft, *weil es irgendwie nicht funktioniert hat*. Jedes Gefühl für den Sinn und Zweck ihres Daseins wird sich bei unseren Kindern aus ihrer Beziehung zu Gott ergeben.

Jesus macht in Matthäus 13 ein paar grundlegende Aussagen über *Gottes Reich* – gute Nachrichten für jede Mutter, die versucht, ihren Kindern dieses Reich nahezubringen:

- Gottes himmlisches Reich kann man vergleichen mit einem Bauern und der guten Saat, die er auf sein Feld sät (V.24).

- Mit Gottes himmlischem Reich ist es wie mit einem Senfkorn, das ein Mann auf sein Feld sät. Es ist zwar das kleinste von allen Samenkörnern, aber wenn es aufgeht und wächst, wird es größer als andere Sträucher. Ja, es wird zu einem Baum, auf den die Vögel fliegen, um in seinen Zweigen ihre Nester zu bauen (V.31–32).

- Man kann Gottes himmlisches Reich mit einem Sauerteig vergleichen, den eine Frau zum Brotbacken nimmt. Obwohl sie nur wenig davon unter eine große Menge Mehl mischt, ist am Ende alles durchsäuert (V.33).

- Gottes himmlisches Reich ist wie ein verborgener Schatz, den ein Mann in einem Acker entdeckte und wieder vergrub. In seiner Freude verkaufte er sein gesamtes Hab und Gut und kaufte dafür den Acker mit dem Schatz (V.44).

- Man kann Gottes himmlisches Reich auch mit einem großen Netz vergleichen, das durch das Wasser gezogen wird und die verschiedensten Fische einfängt (V.47).

Das Himmelreich Gottes ist wie ein winziges Samenkorn, wie Hefe oder Sauerteig, wie ein versteckter Schatz, wie Perlen in einer Muschel, wie Fische unter Wasser.

Alles klein.

Sich für das Reich Gottes einzusetzen und es Menschen nahezubringen, ist eine Aneinanderreihung von Momenten, in denen man etwas vorlebt. Es sind die kleinen Gelegenheiten, bei denen Sie Ihrem Kind (zum x-ten Mal) zeigen, wie man teilt, und dabei das Vokabular des Reiches Gottes einflechten. Es sind die zwanzig Sekunden, in denen Sie gemeinsam mit Ihrem Kind für das andere Kind beten, das Ihrem wehgetan hat – eine lebendige und ganz praktische Demonstration des biblischen Grundsatzes: „Liebe deine Feinde und bete für die, die dich verfolgen."

Es ist die Freundlichkeit, die Ihre Kinder miterleben, wenn Sie Nächstenliebe praktizieren, indem Sie beispielsweise denen helfen, die am Rande stehen oder vergessen sind.

Nachfolge ist nie nur ein Augenblick, ein Wochenende oder etwas, das in einem Lehrbuch steht. Es ist nicht ein einzelner spektakulärer Moment, in dem alles an seinen Platz fällt und die Rettung ein für alle Mal besiegelt ist. Nachfolge findet in kleinen Schritten statt, die auf Minuten, Tage, Jahre verteilt sind. Das Himmelreich Gottes ist wie ein winziges Samenkorn, wie Sauerteig oder Hefe, wie ein versteckter Schatz, wie Perlen in einer Muschel, wie Fische unter Wasser.

Alles verborgen ... zunächst.

Ein Samenkorn unter der Erde oder die Hefe im Teig kann man nicht sehen. Auch der versteckte Schatz ist nicht sichtbar, die

Perle ist in ihrem Gehäuse verborgen, und der Fisch schwimmt unsichtbar unter dem Wasser. Aber gilt das nicht auch für das Reich Gottes, das wir in unseren Kindern anlegen? Wir wissen, dass es da irgendwo in ihnen eine Verbindung zu Gott gibt, auch wenn sie von außen oft nicht zu erkennen ist.

Trotz des intensiven Wunsches von uns Müttern, Kinder zu erziehen, die das Reich Gottes im Blick haben, bekommen wir es im Rahmen der geistlichen Wegbegleitung unserer Nachkommen auch mit Aussagen wie den folgenden zu tun:

- „Ich möchte mein Geld nicht Gott geben! Ich will nämlich reicher sein als Gott!“ (Gavin, 5).

- „Gott habe ich immer sonntags und dienstags lieb“ (Sydney, 4).

- „Lieber Gott, bitte hör auf damit, Barbecuesoße zu machen. Davon brennt meine Zunge“ (Caleb, 4).

- „Ich will nicht in einer Familie leben, in der man ‚lernen muss, gute Entscheidungen zu treffen‘ (denken Sie sich die mit den Fingern in die Luft gezeichneten Gänsefüßchen dazu). Da bin ich doch lieber obdachlos!“ (Caleb, 6).

Wenn ich nicht wüsste, was Jesus lehrt, dann wären diese Ergebnisse wahrscheinlich ziemlich entmutigend. Ich habe so viel

Zeit meines Lebens damit verbracht, meinen Kindern Dinge beizubringen, Vorbild zu sein und sie zu erziehen, und zwar oft mit kaum feststellbarer oder nur sehr verborgener Wirkung. Mutter zu sein, ist jedenfalls eine hervorragende Übung in Sachen Belohnungsaufschub. Das Himmelreich Gottes ist wie ein winziges Samenkorn, wie Hefe oder Sauerteig, ein versteckter Schatz, wie Perlen in der Muschel und wie Fisch im Wasser.

Alle enthalten eine Überraschung.

Es gibt eine überraschende Vielfalt beim Ernten, ein überraschendes Wachstumspotenzial, eine überraschende Veränderung des Teiges, einen überraschenden Schatz, der gefunden wird. Ähnlich wie die Überraschung, die ich erlebte, als ich meinen Sohn von einer Übernachtung bei seinem Freund abholte und dieser zu mir sagte: „Gavin finden alle toll! Er hat die besten Manieren!" (Im Ernst?)

Ähnlich wie die wunderschöne Überraschung, als meine Tochter beim Schlafengehen sagte: „Ich finde, wir sollten ein Waisenkind adoptieren, Mama. Wir haben doch genug Liebe, um etwas davon abzugeben."

Es ist die positive Verblüffung, wenn man von der Lehrerin des Sohnes zu hören bekommt: „Caleb ist so lieb zu dem kleinen Einzelgänger in der Klasse."

Das Reich Gottes, das bei unseren Kindern schon erkennbar wird, ist am Anfang noch klein und verborgen, zeigt sich dann aber später oft auf überraschende Weise. Und all diese kleinen Momente zählen, liebe Mama. Jedes noch so kleine Stückchen Weisheit, das Sie ihnen vermitteln, zählt, selbst wenn zunächst noch keine Ergebnisse erkennbar sind. Jede noch so kleine Lektion legt einen Schatz in Ihrem Kind an, der irgendwann zum Vorschein kommt.

Es mag sich wie mühsame Kleinarbeit anfühlen und vielleicht sehen Sie noch so gar keine Auswirkungen, aber Sie werden überrascht werden.

Welche Grundsätze des Himmelreiches Gottes pflanzen Sie zurzeit gerade bei Ihren Kindern an, ohne bereits Früchte zu erkennen?

Raus aus dem Schlendergang

Nehmen Sie sich heute etwas Zeit, um einen geistlichen Schatz in Ihrem Kind anzulegen. Denken Sie an das, was Ihrem Kind am meisten Mühe macht, und sorgen Sie für einen Moment, in dem Sie etwas weitergeben können, woraus Ihr Kind etwas lernen kann.

9

Bedeutung, Anerkennung und andere Mythen übers Muttersein

Ich bin eine Erziehungsphase weiter als Sie, meine Lieben. Ich habe Mittagsschlaf, Penatencreme und Wartelisten für einen Kindergartenplatz („Bitte, bitte, bitte, bitte … lass jemanden absagen oder wegziehen") hinter mir.

Aber dann ist es jeden Sommer in den langen Sommerferien doch wieder so weit und erwischt mich immer wieder kalt: Das permanente Kümmern um Bedürfnisse, das ständige Reden und das unablässige Planen und Organisieren und Regeln.

Hier ein kleiner Ausschnitt aus meinem Leben gestern – fügen Sie zu meinen Kindern noch vier bis fünf Kinder aus der Nachbarschaft hinzu und zwar über den ganzen Tag verteilt ab 8:30 Uhr: „Kannst du mir die Schuhe zubinden"? „Machst du mir einen Smoothie?" „Caleb drückt immer auf Pause!" „Mir ist langweilig!" „Ich blute!" „Kann ich mir einen Film auf *YouTube* anschauen?" „Gavin hat mich im Bad eingeschlossen!" „Ich habe Hunger, Mama!" „Wir haben alle Hunger, Mrs. Hatmaker!" „Kannst du hier mal die Batterien auswechseln?" „Sydney geht nicht aus meinem Zimmer!" „Wo ist die Taschenlampe?" „Wie alt muss ich sein, dass ich meinen Namen ändern kann?" „Die anderen Kinder müssen alle nicht zu Hause helfen!" „Ich hab' keine Lust mehr zu lesen!" „Wann gibt es endlich Mittagessen?" „Guck mal, Mama! Guckst du auch wirklich?"

„Maaaaammmaaaa!!"

„Mama?"

„Mama?!"

Ich habe seit zwölf Tagen keinen Gedanken gedacht, ohne dabei unterbrochen zu werden. Ich stehe morgens, mittags und abends in der Küche und mache allen Kindern aus der Straße Essen. Um 9:45 Uhr habe ich schon drei Streits geschlichtet. Als ich mich geweigert habe, eine dritte Runde Smoothies zuzubereiten, sagte Caleb: „Das ist der schlimmste Tag meines Lebens", und als dann um 17:30 Uhr der Gatte nach Hause kam und sagte: „Du wirkst ein bisschen angespannt", da habe ich ernsthaft überlegt, *seinen* Wagen zu nehmen (weil man bei dem nicht das Gefühl hat, dass eine Armee dreckiger Iltisse darin haust) und nach Kanada abzuhauen.

Wenn es tatsächlich einen undankbareren, weniger glamourösen Job gibt als den einer Mutter, dann kenne ich ihn nicht. Ich weiß, dass Sie wissen, was ich meine! Von jemandem angepinkelt zu werden oder vollgekotzt, während man die Toilette putzt und das süße Engelchen zum zwölfhundertsten Mal an diesem Tag „NEIN“ rufen zu hören, macht Mütter manchmal einfach wahnsinnig. An ganz schlimmen Tagen möchte man sogar sagen: „Und das hier soll wirklich mein Leben sein?“

Manche von Ihnen haben vor ein paar Jahren noch in der Vorstandsetage gesessen, haben in Erwachsenensprache geredet und waren sauber und ordentlich gekleidet. Als Mutter hat man weder Status noch ein Gehalt noch Anerkennung und so gut wie gar kein Ansehen.

> *Als sie im Haus waren, fragte Jesus die Jünger: „Worüber habt ihr unterwegs gesprochen?“ Doch sie schwiegen verlegen; denn sie hatten sich darüber gestritten, wer von ihnen der Wichtigste sei. Jesus setzte sich, rief die zwölf Jünger zu sich und sagte: „Wer der Erste sein will, der soll sich allen unterordnen und ihnen dienen.“*
>
> MARKUS 9,33–35

Als ich Mutter wurde, bekam der Begriff des „Dienens“ für mich eine ganz neue Bedeutung. In unserer Familie sollte es so sein – das hatten wir gemeinsam beschlossen –, dass es mein Alltag sein würde, der sich durch die Kinder entscheidend verändert, weil ich zu Hause bleiben und mich um sie kümmern sollte. Als es dann aber tatsächlich so weit war, und diese Aufgabe mein Leben und meine gesamte Identität bestimmte, fand ich, dass mir dafür auf jeden Fall die entsprechende Anerkennung zustand. Ich empfand es so, dass ich allen einen Riesengefallen tat, und diese Top-Down-Perspektive, in der ich mich als die Überlegene sah, verdarb alles. Wenn ich nicht absolut wertgeschätzt und gelobt wurde und angemessen Anerkennung bekam (und welche Mutter erlebt das schon?), dann wurde ich zur verletzten, permanent unzufriedenen Märtyrerin.

Jesus hat meine Vorstellung davon, was es bedeutet „die Größte zu sein", sehr verändert. Dabei geht es nämlich nicht um Anerkennung oder Beliebtheit. Es hat nichts mit Status oder Macht zu tun oder damit, dass man bekommt, was einem zusteht. Größe im Sinne von Bedeutung entsteht nicht durch Bestätigung oder Lob von anderen, sondern wahre Größe kommt durch die Hintertür des Dienens.

Das verlangt von uns Müttern eine Änderung in unserem Selbstverständnis. Wir tun nicht unseren Ehemännern und Kindern einen Gefallen oder opfern uns auf, sondern wir entscheiden uns bewusst fürs Dienen und stellen unsere eigenen Bedürfnisse hinter die der Menschen zurück, die Gott uns anvertraut hat. Wir treffen im Grunde ständig und immer wieder die Entscheidung, unseren Egoismus abzuschütteln und unser Anspruchsdenken abzulegen. Wir entscheiden uns bewusst dafür, Diener zu sein mit den Fähigkeiten, die wir haben, genauso wie es Jesus trotz all seiner Macht und Herrlichkeit getan hat.

Das ist etwas völlig anderes, als ein Fußabtreter zu sein. Die Rolle des dienstbaren Fußabtreters bedeutet, dass Ihre Familie von Ihnen erwartet, Dinge für sie zu tun, die sie durchaus selbst tun könnte. In dem Fall sind Sie dann so etwas wie eine Hausangestellte, die es versäumt hat, ihrer Familie Respekt und Selbstständigkeit beizubringen. Ich habe schon viele solcher dienstbaren Mütter erlebt, die sich von ihren Kindern Befehle zubrüllen ließen, während der Familienvater im Sessel saß und seine Rolle als zweites Elternteil völlig ignorierte. Das ist weder nach Gottes Vorstellung noch ist es gesund. Wenn Sie also glauben, das wäre es, was Jesus mit *Diener aller* gemeint hat, dann ist das ein Missverständnis.

Jesus hat das mit seinem Gespür für perfekte Bilder zur Veranschaulichung so ausgeführt:

> *Er rief ein kleines Kind, stellte es in ihre Mitte und schloss es in die Arme. Dann sagte er: „Wer solch ein Kind mir zuliebe aufnimmt, der nimmt mich auf. Und wer mich aufnimmt, der nimmt damit Gott selbst auf, der mich gesandt hat."*
>
> MARKUS 9,36–37

Wenn ich mich dafür entscheide, *Dienerin* zu sein statt *Märtyrerin*, dann genießen meine Kinder das Gefühl, bei uns zu Hause wirklich willkommen zu sein. Sie sind dann nicht der Stachel in meinem Fleisch, der die Zeit beschneidet, die ich für mich persönlich haben könnte. Sie sind dann kein Ärgernis, das mich den ganzen Tag nur gereizt seufzen lässt, sondern willkommene, geliebte und erwünschte Familienmitglieder. Und wenn meine Kinder willkommen sind, dann öffne ich damit die Türen zum

Himmel und lade Gott selbst in das Lachen, Chaos und Leben bei uns zu Hause ein.

Und das ist Größe.

Macht es Ihnen viel aus, wenn Sie zu wenig Wertschätzung erfahren? Wenn ja, wie wirkt sich der Frust darüber auf Ihre Ehe und auf die Erziehung aus?

Raus aus dem Schlendergang

Gehen Sie heute einmal mit folgender Einstellung in den Tag: „Ich bin froh, meiner Familie zu dienen, und zwar ohne dass ich Anerkennung erwarte." Warten Sie auf den richtigen Moment und sagen Sie Ihrem Mann und den Kindern: „Ich bin froh, dass ich das für euch tun kann."

10

Heute ist das Gestern von morgen

Es gibt in der Geschichte der Menschheit wohl kaum etwas weniger Hilfreiches, als wenn Mütter großer Kinder zu Müttern kleiner Kinder sagen: „Genieß es! Eh du dich versiehst, sind sie groß."

Normalerweise fallen solche Äußerungen, wenn einer Mutter von kleinen Kindern versehentlich eine Klage herausrutscht – beispielsweise etwas so grauenhaft Egozentrisches wie: „Tut mir leid, dass ich nach Kinderkotze rieche, aber ich habe seit drei Tagen nicht geduscht, und mein Baby verträgt anscheinend keine Kuhmilch, sodass es ungefähr einmal pro Stunde spuckt." (Stellen Sie sich an dieser Stelle dann vor, wie Ihnen die besagte Mutter älterer Kinder die Hand tätschelt, Sie anschaut, als hätten Sie den besten Job der Welt und als würde sie am liebsten ihr sauberes Marco Polo-Outfit auf der Stelle gegen Ihre Klamotten tauschen, um wieder den ganzen Tag nach Babykotze zu riechen, während Sie denken: *Vorbei, bevor ich mich's versehe? Das wäre wirklich super!*)

Mütter mit kleinen Kindern leben permanent mit dem Blick auf den nächsten Entwicklungsschritt ihres Kindes: Stillen – es kann sich drehen – Zahnen – Sitzen – Brei essen – Krabbeln – festes Essen am Familientisch – Laufen – Sprechen (oder so etwas Ähnliches) – Schnullerentwöhnung – kein Vormittagsschlaf mehr – es quatscht Ihnen jetzt wirklich das Ohr ab – Töpfchentraining – Kindergarten – Lesen und Schreiben – Entwicklung zum Wunderkind …

Und weil auch jedes Entwicklungsstadium seine speziellen Kämpfe und Probleme mit sich bringt, setzt sich in unseren grauen Zellen der Gedanke fest: *Wenn es erst …, dann wird alles viel leichter.* In Gedanken leben wir schon in der Zukunft, während wir aber gleichzeitig unseren ganz normalen Alltag managen. Wir vergessen, das Hier und Jetzt zu genießen und lassen zu, dass es von den Herausforderungen des Alltags überschattet wird.

Also bei mir zu Hause ist etwas passiert, das ich niemals für möglich gehalten hätte. Mein jüngster Sohn Gavin, der sich wie ein wildes Tier gebärdete, als er im Alter von drei Jahren zum ersten Mal zum Muttertag mit uns Essen gehen durfte – ja, genau der –, ist in diesem Monat in die Mittelstufe gekommen. (Während ich das hier tippe, kommen mir jetzt zum zwanzigsten Mal die Tränen über diesen Wahnsinn. Ich kann es einfach nicht fassen. Er ist in der Mittelstufe.) Mir wird klar, dass meine Kinder wirklich groß werden.

Wie gewöhnlich, hatte Jesus auch dazu, dass man in der Gegenwart und im Moment leben soll, etwas Brillantes zu sagen, und zwar: „Unser tägliches Brot gib uns heute" (Matthäus 6,11).

Der Gedanke des täglichen Brotes beschäftigt mich schon seit einer ganzen Weile. Als Gott das Volk Israel – im wahrsten Sinne des Wortes – mit täglichem Brot versorgte, indem er es während der vierzig Jahre dauernden Wanderung durch die Wüste vom Himmel fallen ließ, war seine Anweisung klar und eindeutig: „Die Israeliten sollen morgens losgehen und so viel einsammeln, wie sie für den Tag brauchen, *mehr nicht*" (2. Mose 16,4, Hervorhebung hinzugefügt). Das war absolut unmissverständlich: Keiner sollte Brot oder Wachteln horten. Alles, was von dem Manna am nächsten Tag noch übrig war, war nämlich ungenießbar, außer am Sabbat, da konnten die Israeliten für zwei Tage sammeln und sich dann einen Tag lang ausruhen.

Damit wollte Gott offenbar sagen: „Beschäftige dich nicht so angestrengt, ja fast zwanghaft, mit dem, was morgen ist. Lebe diesen Tag, und zwar ohne dir Sorgen darüber zu machen, was du später tun sollst oder brauchst. Was heute Nahrung ist, wird durch das Morgen verdorben. Genieße es jetzt oder nie."

Wenn wir immer schon mit einem Auge in der Zukunft unserer Kinder sind, heißt das auch, dass wir auch nur mit einem Auge bei ihrem Heute, in ihrer Gegenwart sind, und dadurch verpassen wir unendlich viel! Unsere Kinder werden auf jeden Fall groß – mit und ohne uns – und wenn es vorbei ist, dann ist es vorbei. Während ich jetzt an mein Mittelstufenkind denke, kommt mir der Gedanke, dass ich vielleicht neunzig Jahre auf dieser Welt leben werde – und davon habe ich ihn nur achtzehn Jahre bei mir (wieder Tränen).

Unser tägliches Brot gib uns heute.

Ich werde mir nicht selbst diesen Tag verderben, indem ich darüber trauere, was vorbei ist, oder mich nur damit beschäftige, was noch kommt. Ich werde meine Aufmerksamkeit darauf richten, dass Caleb heute Morgen aus Versehen ein „Mami" herausgerutscht ist, als er mich angesprochen hat. Ich werde mich darüber freuen, wie Sydney die Lippen spitzt, wenn sie sich auf ihr neuestes Kunstprojekt konzentriert. Ich werde mich über die halbe Stunde freuen, in der Gavin quer auf meinem Schoß lag, damit ich ihm den Rücken kraulen konnte, während er im Fernsehen *SpongeBob* schaute, und es nicht als Zeitverschwendung betrachten, wie mir mein Hirn einzureden versucht. Ich werde meinen Kindern in die Augen sehen, wenn sie mir etwas erzählen und genau zuhören, und ich werde versuchen, ihnen echte und ehrliche Antworten zu geben. Ich werde meine Angewohnheit beibehalten, jeden Abend in die Zimmer meiner schlafenden Kinder zu gehen, ihnen das Haar aus dem Gesicht zu streichen und ihnen einen Kuss auf die Wange zu geben.

Dieser Tag heute mit Ihren Kindern kommt nie wieder. Morgen sind sie schon ein kleines bisschen älter als heute. Dieser Tag ist ein Geschenk. Atmen und beobachten Sie, riechen und berühren Sie sie, betrachten Sie ganz genau ihre Gesichter und die kleinen Füße, seien Sie einfach aufmerksam, und genießen Sie den Zauber der Gegenwart.

Genießen Sie den Moment, das Hier und Jetzt, denn ehe Sie sich's versehen, ist es vorbei.

- Welches ist das nächste Stadium, auf das Sie sich freuen?

- Was ist das Liebenswerteste an der Phase, in der Ihr Kind gerade ist?

Raus aus dem Schlendergang

Versuchen Sie heute, ganz anwesend und aufmerksam zu sein. Schauen, riechen, berühren, hören Sie. Machen Sie Fotos oder schreiben Sie auf, was Sie mit Ihrem Kind erlebt haben.

11

Nein-Suri

Wie Sie es wahrscheinlich von einer christlichen Autorin und Referentin nicht anders erwarten, lese ich ausschließlich die Bibel. Abgesehen von den Gelegenheiten, wenn ich Zeitschriften wie *People* und *US Weekly* lese. (Okay, und so viele andere Bücher, dass ich die neuen, die ich kaufe, verstecken muss, weil es so peinlich ist.)

Jedenfalls habe ich neulich etwas über Suri Cruise gelesen – die Tochter des verrückten Tom und der stummen Katie. Die Interviewerin stellte Katie eine Frage nach Suris Temperament und Katie antwortete: „Suri ist wundervoll! Sie ist *immer* ruhig und zufrieden. Die Trotzphase, die Kinder ja normalerweise mit zwei haben, hat sie anscheinend übersprungen."

Das ist ja fantastisch, Katie. Ich nehme mal an, deine Familie lebt auf einer kuscheligen weißen Wolke im Himmel, wo ihr den ganzen Tag den Regenbogen hinunterrutscht und auf Einhörnern reitet. Und du bist bestimmt sehr erstaunt, wenn du eines von unseren ganz normalen Zweijährigen erlebst, das sich im

Supermarkt vor der Kasse auf dem Boden wälzt und schreit, bis es blau anläuft, weil wir ihm keinen Kinderriegel kaufen wollen. Das muss für Suri und dich ja richtig verstörend sein. Wenn die anderen Kinder deine Tochter eines Tages *Ja-Suri* oder *Kuschel-Suri* nennen, liebe Katie, dann brauchst du dir gar keine Sorgen zu machen, weil sie ja immer *ruhig und zufrieden* ist und ganz eindeutig immun gegen die kleinen Problemchen des Lebens, über die unsere ganz normalen Kinder völlig ausrasten.

Ich habe den Verdacht, dass diejenigen, deren Kinder sich weigern, die Trotzphase zu überspringen, in einer anderen Welt leben, nämlich in einem Mikrokosmos bipolarer Stimmungsschwankungen, verpassten Mittagsschlafes und Wutanfällen.

Irgendwie sind wir mitten in diesem real existierenden Leben, das wir führen – diesem wundervollen, herausfordernden, verrückten und aufreibenden Leben –, auf die Idee gekommen, wir müssten das alles allein bewältigen. Wir sind umgeben von unabhängigen, scheinbar völlig autarken Frauen, die ihr scheinbar perfektes Leben führen, und glauben deshalb, dass wir die Last des Lebens als Mutter kleiner Kinder allein tragen müssen – und das natürlich auch noch ohne Probleme.

Aber das ist eine faustdicke Lüge.

Eine kluge Mutter bittet um Hilfe. Und eines will ich Ihnen sagen, meine Lieben: Hilfe brauchen wir alle. Die Vorstellung, Kinder völlig allein und unabhängig großzuziehen, ist eine Vorstellung des westlichen Kulturkreises, die für den Rest dieser Welt absolut L-Ä-C-H-E-R-L-I-C-H ist. Woanders erziehen Frauen ihre Kinder gemeinsam. Ja, sie stillen sogar die Babys der anderen mit. Mütter, Großmütter und Urgroßmütter leben unter einem Dach und teilen sich die Aufgaben und die Verantwortung. Die Besessenheit der Amerikaner und Europäer vom Gedanken der Individualität hat also auch jede Menge Nachteile.

Ich habe den Teil von Marias Geschichte vor der Geburt Jesu schon immer geliebt. Keine fünf Sekunden, nachdem Gabriel Maria gesagt hat, dass sie ein Kind bekommt, packt Maria schon ihre Sachen und macht sich auf den Weg zu Elisabeth. Und Elisabeth – die ebenfalls auf wundersame Weise schwanger geworden ist – ermutigt Maria nicht nur, indem sie sagt: „Dich hat Gott gesegnet, mehr als alle anderen Frauen, und gesegnet ist das Kind, das in dir heranwächst!" (Lukas 1,42), sondern Maria bleibt auch drei Monate lang bei ihr. Elisabeth ist zu diesem Zeitpunkt im letzten Drittel ihrer Schwangerschaft, was in ihrem fortgeschrittenen Alter sicher mühsam gewesen ist, während die noch sehr junge Maria im ersten Schwangerschaftsdrittel und entsprechend ängstlich ist.

Die beiden brauchten einander.

Es gibt keine Regel, dass man alle seine Aufgaben und Herausforderungen alleine bewältigen muss. Wenn man es trotzdem tut, ist das einfach dumm. Klug dagegen ist es, zum Telefon zu greifen, wenn einem die Aufgaben als Mutter über den Kopf zu wachsen drohen, oder besser noch, *bevor* sie einem über den Kopf zu wachsen drohen. Da gibt es viele Möglichkeiten:

- Wechseln Sie sich mit einem anderen Ehepaar mit dem Kinderhüten ab, wenn Sie hin und wieder einmal einen Abend als Paar für sich allein haben möchten. Meine Freundinnen Christi und Laura haben so ein Arrangement für die Samstagabende. Einen Samstagabend kümmert sich Christi um alle Kinder und Laura unternimmt etwas mit ihrem Mann, und am nächsten Wochenende ist es umgekehrt. Ganz einfach und ohne zusätzliche Kosten.

- Tauschen Sie mit einer oder mehreren Freundinnen freie Zeit gegen Kinderhüten. Hüten Sie abwechselnd die Kinder der anderen – so bekommen Sie ohne zusätzliche Kosten hin und wieder einen freien Tag.

- Teilen Sie sich Babysitterkosten. Meine Freundin Trina und ich haben uns zwei Tage in der Woche ein Kindermädchen geteilt. So kostete es nur die Hälfte, und die beiden kleinen Kerle fühlten sich in der Betreuung durch eine Studentin wie die Könige.

- Nehmen Sie es an, wenn Ihnen Hilfe angeboten wird. Das meine ich ernst. Wieso tun wir Mütter uns eigentlich so schwer damit? Trina bot meiner Freundin Steph an, ihr einen Vormittag in der Woche das Baby abzunehmen, damit sie einmal eine Pause hatte. Gleichzeitig erfüllte sich dadurch Trinas Wunsch nach Kontakt mit einem Baby. Denn Steph war so schlau zu sagen: „Ja klar, kannst du das Baby haben."

- Wohnen Sie in der Nähe Ihrer Eltern oder Großeltern? Die Kinder meiner Freundin Jenny verbrachten regelmäßig einen Tag in der Woche bei ihrer Großmutter. Dieser Tag wurde von ihnen *Millie-Tag* genannt und blieb jahrelang Tradition. So etwas sind generationsübergreifende Beziehungen vom Feinsten.

- Spannen Sie auch den Kindsvater mit ein. Brendon hatte jahrelang immer freitags frei und gestaltete diesen Tag als *Papa-Tag*. An diesem Tag hatte ich frei. Wenn die Arbeitszeiten Ihres Mannes eher konventionell sind, sollten Sie kreativ werden. Sorgen Sie dafür, dass Sie trotzdem ab und zu freihaben – einen Abend, einen Samstagvormittag oder einen Sonntagnachmittag –, wann immer sich die Möglichkeit bietet.

- Seien Sie sich nicht zu schade, Ihre Freundin anzurufen und zu sagen: „Ich komme jetzt sofort bei dir vorbei. Die Kinder sperren wir in den Garten. Ich brauche ein wenig Unterstützung."

- Und haben Sie auch keine Scheu, sich verletzlich zu zeigen, indem Sie beispielsweise fragen: „Kann ich meine Kinder für zwei Stunden bei dir abladen, sonst verliere ich den Verstand."

Es ist ein Dorf nötig, um ein Kind zu erziehen (danke, Hillary Clinton). Es war dazu auch schon vor Hillarys Rede ein Dorf nötig. Doch unsere Kultur hat uns eingeredet, dass es nicht so ist, und ich bin jetzt hier, um diesen Mythos zu zerstören. Bitten Sie um Hilfe! Das ist kein Zeichen von Schwäche. Nehmen Sie Hilfe an, wenn Sie Ihnen angeboten wird. Ergreifen Sie die Initiative und atmen Sie tief durch. Superwoman gibt es nicht, sondern nur Superfreundinnen und Superfamilien. Keine Mutter ist perfekt, und wir brauchen einander unbedingt.

Außer Suri natürlich.

Ist Ihnen auch irgendwie eingeredet worden, dass Sie keine Hilfe brauchen? Wenn ja, wie geht es Ihnen damit?

Raus aus dem Schlendergang

Ist unter den oben angeführten Ideen eine, die in Ihrem Leben und Alltag funktionieren könnte? Was ist nötig, um sie umzusetzen? Tun Sie es, sobald Sie es herausgefunden haben.

12

Sieben Mal am Tag

(Damit meine ich natürlich nicht Sex)

Diejenigen, die erst ein Kind zur Welt gebracht haben, alle mal herhören: Folgendes wird bei weiteren Kindern passieren. Wenn Sie nur zwei möchten, dann stehen die Chancen gut, dass das zweite ebenso pflegeleicht wird wie das erste. Aber jetzt aufgepasst: Wenn Sie drei haben wollen, dann wird das dritte höchstwahrscheinlich ein Knaller. Glauben Sie mir. Da können Sie jeden fragen. Aus irgendeinem Grund ist Nummer drei – äh … anstrengend. Ich weiß nicht, warum das so ist, aber es ist so. Ich erkenne ein *drittes Kind* auf den ersten Blick.

Auf unseren Caleb trifft das auf jeden Fall zu. Und das seltsam Verdrehte daran ist, dass genau das ihn so liebenswert macht. (Es erinnert mich an den Tag, als ich zum tausendsten Mal mit einem Zeugnis nach Hause kam, auf dem lauter Einsen standen, und ich sah, wie meine Mutter und meine kleine Schwester

Luftsprünge machten, weil sie eine Vier statt einer Fünf in Mathe bekommen hatte. (Nein, das ist kein Scherz.)

Jedenfalls hat Caleb permanent Ärger in der Gemeinde. Ich nehme an, dass *Pastorenkind* und *schlechtes Benehmen in der Gemeinde* irgendwie synonym ist, aber so ist es nun mal. Um wieder herunterzukommen und sich zu sortieren, musste er neulich im Gottesdienst eine Weile neben mir sitzen, statt in den Kindergottesdienst zu gehen. (Sein Kommentar während Brandons Predigt: „Das ist ja noch langweiliger als Kindergottesdienst.") Irgendwann durfte er dann zurück zu den anderen Kindern. Als ich ihn dort hinterher aber abholte, sprach der Blick der Sonntagschullehrerin schon wieder Bände. Gar nicht gut.

Nachdem er für sein neuerliches schlechtes Benehmen eine saftige Strafe bekommen hatte und wir am Abend des Tages noch zusammen beteten, sagte Caleb: „Lieber Gott, es tut mir wirklich leid, dass ich mich diese Woche so schlimm aufgeführt habe in der Gemeinde."

Pause. Pause. Pause. (Ich warte.)

„Aber all die anderen ja auch."

Vielleicht benehmen sich Ihre Kinder ja so, als hätten Engel sie aus dem Himmel direkt in Ihren Schoß fallen lassen. Wenn es so ist, dann können alle anderen Eltern Sie wahrscheinlich nicht leiden. Wenn Sie aber ein Kind haben, das eine echte Herausforderung für seine Umwelt ist, ein störrisches Kind oder eines, das immer nur uneinsichtig und offenbar nicht lernfähig ist – also im Grunde alle Kinder –, dann ist Vergebung in diesem Zusammenhang für Mütter eigentlich ein seltsames Mittel der Wahl, oder?

Als Ihr Erstes geboren wurde, haben Sie doch sicher gedacht: *Das ist die Liebe meines Lebens. Ich werde dieses Kind jeden einzelnen Moment jedes Tages lieben, ausnahmslos und unwiderruflich.* Aber wenn wir dann den real existierenden Alltag mit unseren Kindern erleben, werden wir in eine Arena gezwungen, in der Vergebung unumgänglich ist.

Als ich eine Bibelstelle dazu suchte, war ich überwältigt, wie oft Jesus uns auffordert zu vergeben.

> *Und vergib uns unsere Schuld, wie auch wir denen vergeben, die an uns schuldig geworden sind.*
>
> MATTHÄUS 6,12

> *Auf die gleiche Art wird mein Vater im Himmel jeden behandeln, der seinem Bruder oder seiner Schwester nicht von ganzem Herzen vergibt.*
>
> MATTHÄUS 18,35

> *Aber wenn ihr ihn um etwas bitten wollt, sollt ihr vorher den Menschen vergeben, denen ihr etwas vorzuwerfen habt. Dann wird euch der Vater im Himmel eure Schuld auch vergeben.*
>
> MARKUS 11,25

> *Wenn ihr vergebt, dann wird euch auch vergeben.*
>
> LUKAS 6,37

Und wenn er dir siebenmal am Tag unrecht tut und dich immer wieder um Vergebung bittet: Vergib ihm!

LUKAS 17,4
(DAS WAR BESTIMMT AN DIE MÜTTER IN DER MENGE GERICHTET.)

Und vergessen Sie nicht, wie oft Jesus selbst in den Evangelien vergibt – und zwar einzelnen Personen, Gruppen von Menschen, ganzen Völkern und schließlich der gesamten Welt. Ich weiß nicht, wie Jesus zu dem Ruf gelangt ist, unmöglich zufriedenzustellen zu sein, denn es gibt niemanden, der weniger ge- und verurteilt und mehr vergeben hätte als er.

Als Mutter erlebt man Zorn, Enttäuschung, verletzte Gefühle und Frust zum Haareraufen – das alles gehört einfach dazu. Es gibt Zeiten, in denen wir unsere Kinder anschauen und – ich sag es jetzt mal einfach wie es ist – sie uns nicht einmal sonderlich sympathisch sind. Das ist besonders dann der Fall, wenn wir eine Auseinandersetzung mit unserem kleinen Liebling hatten, die mit der Aussage: „Ich hasse dich!" endete.

Es ist nun mal typisch für die menschliche Natur, dass sie oftmals destruktiv mit Zorn umgeht: Wir schlagen um uns, schreien, verweigern Liebe oder strafen durch Schweigen, besonders dann, wenn wir selbst als Kinder von unseren Eltern so behandelt worden sind. Aber Jesus sagt, dass für die Menschen, die ihm nachfolgen, die höchste Verantwortung darin besteht zu vergeben. Und das gilt nicht nur für Erwachsene untereinander, sondern es ist wichtig, dass auch wir Mütter unseren Kindern vergeben.

Wenn unsere Kinder sich danebenbenehmen oder Fehler machen, dann ist es natürlich in Ordnung, sie zu maßregeln. (Das sollte aber nicht wütend und unbeherrscht passieren. Doch dies ist ein Thema für eine eigene Andacht.) Aber wenn sie sich entschuldigen, wenn sie einsichtig sind und unsere Korrektur annehmen, dann ist das Wichtigste, was wir ihnen sagen können: „Ich vergebe dir."

In meinen eher unreifen Momenten, in denen meine Barmherzigkeit durch das Fehlverhalten meines Sohnes überstrapaziert ist, wird alles nur noch schlimmer, wenn ich nicht bereit bin, ihm zu vergeben. Das merke ich dann daran, wie er in meiner Nähe herumlungert und nach Anzeichen bei mir Ausschau hält, dass alles wieder in Ordnung ist und ich ihn immer noch lieb habe.

Wenn er mein Schweigen dann gar nicht mehr aushält, fragt er irgendwann: „Bist du noch sauer auf mich, Mama?"

Wir weisen unsere Kinder zurecht, um ihnen Verantwortung, Selbstkontrolle, Respekt vor Gott und Gehorsam beizubringen – alles wichtige Eigenschaften. Und wir vergeben ihnen, um ihnen Barmherzigkeit, Mitgefühl, bedingungslose Liebe und Freundlichkeit beizubringen – alles genauso wichtig.

Jesus ist für mich gestorben, als ich noch eine Sünderin war und nicht erst, nachdem ich ihm gezeigt hatte, dass Verbesserungspotenzial vorhanden ist; nicht erst, nachdem ich mich gebessert habe, und nicht erst, wenn ich mir seine Vergebung verdient habe. Er hat mich auch schon geliebt, als ich geistlich noch ein Kleinkind war, immer wieder versagt habe und ungehorsam war. Und er vergibt mir auch die Fehler, die ich immer und immer wieder mache. Er ist bei jedem Fehltritt mir gegenüber barmherzig und hält auch dann weiter zu mir, wenn ich mich weigere, die anstehende Lektion zu lernen. Jedes Mal, wenn ich ausgerastet bin, mich unmöglich aufgeführt habe und absolut perfekte Möglichkeiten zum Gehorsam ruiniert habe, hat Jesus mir trotzdem vergeben.

Genauso sollen wir unsere Kinder anschauen und zuerst ihren Wert und erst dann ihre Fehler sehen. Wir maßregeln und vergeben, maßregeln und vergeben. Unsere Körpersprache, unsere Worte und auch sonst alles muss vermitteln: *Du bist freigesprochen.* Wir zeigen ihnen, dass Versagen kein K.-o.-Kriterium und die Liebe das Höchste ist. Dadurch veranschaulichen wir die Barmherzigkeit, die uns Jesus entgegenbringt, wenn er sagt: „Deine Sünden sind dir vergeben" (Lukas 5,20).

- Haben Sie ein Kind, das die Grenzen Ihrer Vergebungsbereitschaft testet?

- Sie haben keine Kontrolle über das Verhalten dieses Kindes, sondern nur über Ihr eigenes. Wie sind Ihre letzten Auseinandersetzungen ausgegangen? Was haben Ihre Worte und Ihre Körpersprache vermittelt?

Raus aus dem Schlendergang

Sprechen Sie heute mit Ihrem Kind und bekennen Sie Ihre Fehler (wie beispielsweise Wut, Anschreien oder strafendes Schweigen). Schlagen Sie ihm gegenüber einen neuen Ton an und fangen Sie mit Ihrem Kind auf dieser neuen Grundlage neu an.

13

Jesus als Flaschengeist

Drei Sekunden nachdem unser ältester Sohn beschlossen hatte, Fußball zu spielen, verkündete auch unser Jüngster seine Begeisterung für diese Sportart. Sie müssen wissen, dass bei uns zu Hause eigentlich an der in Amerika üblichen heiligen Dreifaltigkeit des Sportes festgehalten wird: Football, Basketball und Baseball – und zwar in dieser Reihenfolge. Fußball ist völlig in Ordnung, wenn man Brasilianer ist oder keine Arme hat und trotzdem Sport treiben möchte. Doch wer sollte – abgesehen von diesen schwerwiegenden Gründen – Fußball besser finden als Football und sich für diesen Sport entscheiden?

Doch hier geht es ja nicht um uns, sondern um Caleb, der nur einen Blick auf Gavins coole neue Ausrüstung warf – die Schienbeinschützer, Stutzen, das Stirnband und die neuen Stollenschuhe – und sich Hals über Kopf in den Fußballsport verliebte. Oder besser gesagt in die Requisiten dieses Sports.

Er überredete uns dann tatsächlich dazu, ihn anzumelden und trug anschließend fünf Tage am Stück seine gesamte Montur.

Auch im Bett. Die Schienbeinschützer wurden auch als Unterarmschützer getragen, und das Stirnband verwandelte sich in ein Schenkelband (fragen Sie nicht …) und offenbar wurden die Stollenschuhe auch als Straßenschuhe getragen. Die gesamte Ausrüstung war jedenfalls wochenlang seine einzige Beschäftigung und Unterhaltung. Was Caleb allerdings weniger unterhaltsam und angenehm fand, war die eigentliche Sportart – Fußball. Seine Begeisterung dafür erlosch so ziemlich auf der Stelle. Schon nach dem ersten Training informierte er uns darüber, dass wir uns nicht mehr die Mühe zu machen bräuchten, ihn dorthin zu fahren, denn er wisse ja jetzt, wie es gehe.

Darauf ließen wir uns natürlich nicht ein, aber danach wollte er dann bei jedem Spiel nach der ersten Halbzeit aufhören. Einmal, als er eigentlich hätte spielen sollen, fanden wir ihn auf der Bank des Gegners wieder, wo er sich an dessen Snacks gütlich tat. Ein anderes Mal vertat er kostbare Spielzeit damit, Break-Dance-Moves zu üben, statt mühsam auf dem Spielfeld hin und her zu rennen.

Die tolle Fußballausrüstung? Kam gut an.

Der Sport selbst? Nicht wirklich. (150 Dollar in den Sand gesetzt.)

Am Tag nachdem Jesus auf wundersame Weise die Menschenmassen mit fünf Broten und zwei Fischen satt bekommen hatte:

> *Weil nun Jesus und seine Jünger nirgends zu finden waren, stiegen alle in diese Boote und fuhren hinüber nach Kapernaum, um ihn dort zu suchen.*

Als sie Jesus auf der anderen Seite des Sees gefunden hatten, fragten sie ihn: „Rabbi, wann bist du denn hierhergekommen?"
Jesus antwortete ihnen: „Ich weiß, weshalb ihr mich sucht: doch nur, weil ihr von mir Brot bekommen habt und satt geworden seid; nicht weil ihr verstanden hättet, was diese Wunder bedeuten!
Bemüht euch doch nicht nur um das vergängliche Brot, das ihr zum täglichen Leben braucht! Setzt alles dafür ein, die Nahrung zu bekommen, die bis ins ewige Leben reicht. Diese wird der Menschensohn euch geben. Denn Gott, der Vater, hat ihn als seinen Gesandten bestätigt und ihm die Macht dazu verliehen."

JOHANNES 6,24–27

Das öffentliche Wirken von Jesus und seine Wunder waren für die Juden eine Sensation. Matthäus berichtet, dass deshalb 5000 Männer zusammenkamen – Frauen und Kinder kamen noch dazu, Sie können sich also vorstellen, was dort los gewesen ist. Die Menge bestand aus ganz normalen, meist armen, Leuten, und Jesus sorgte für richtig viel Aufsehen. Tausende folgten ihm und stellten ihm unzählige Fragen. Woran lag das?

In Vers 15 steht, dass sie Jesus zu ihrem neuen König machen wollten, aber in Vers 26 erfahren wir dann, dass sie noch mehr von ihm wollten, zum Beispiel kostenloses Essen.

Und in Vers 30 heißt es dann, dass sie noch mehr von seinen tollen Tricks sehen wollten.

Also entlarvte Jesus ihre Motive und sagte: „Ihr sucht mich, weil ihr etwas von mir wollt."

Hier lesen wir zum ersten Mal von einer Form der Verkündigung, die wir heute als Wohlstandsevangelium kennen. „Folgt Jesus nach, dann bekommt ihr coole Sachen." Sie wollten die tolle *Jesusausrüstung*, aber ohne das *Jesusspiel* zu spielen.

Hier kommt die typische Übertragung des Körperlichen auf das Geistliche zum Einsatz, die Jesus immer wieder einsetzte, um etwas zu verdeutlichen: „Bemüht euch doch nicht nur um das vergängliche Brot, sondern setzt alles daran, Nahrung zu bekommen, die ewig reicht. Liebt mich nicht für das, was ihr von mir bekommen könnt, sondern für das, was ich bin: der Wächter der Ewigkeit, versehen mit dem Siegel Gottes. Ihr seid beeindruckt von der Menge an Brot, aber ihr habt keine Ahnung, was ich euch wirklich alles geben kann."

Ach du liebe Zeit! Das trifft auf amerikanische Christen vielleicht sogar noch mehr zu als auf die Juden damals, denn die hatten als Entschuldigung wenigstens ihre Unwissenheit: Jesus war damals auf dem Zeitstrahl der Weltgeschichte erst seit fünf Sekunden da. Wir heute verfügen aber über das gesamte Evangelium, vorhergesagt und erfüllt, und dazu noch zweitausend Jahre Lehre, und immer noch kommen wir zu Jesus, um kostenlos Brot zu bekommen oder Beförderungen, oder um unser Haus verkauft zu bekommen – für alle möglichen vergänglichen Dinge also.

Wir stellen genauso geheuchelte Fragen wie damals die Juden, aber Jesus ist ja nicht von gestern. Er weiß, was wir wirklich von ihm wollen. Das wird daran deutlich, wie wir leben, woran wir festhalten, wofür wir unser Geld ausgeben, worauf wir besonderen Wert legen, wofür wir ihn verlassen und welche Träume wir haben.

> *Da fragten sie ihn: „Was sollen wir tun, um Gottes Willen zu erfüllen?"*
> *Er erwiderte: „Nur eins erwartet Gott von euch: Ihr sollt an den glauben, den er gesandt hat."*
> JOHANNES 6,28–29

Das klingt zunächst einmal ganz einfach. Ach! Einfach nur glauben? Super! Ich glaube! Jawoll. Ich bin gläubig, glaub mir. Na klar glauben wir, sicher. Aber genau das ist die höchste Messlatte der Nachfolge. Denn wenn wir wirklich glauben, dass Jesus Gottes Sohn ist, dann müssen wir auch an seine neue Weltordnung glauben. Das eine geht nicht ohne das andere.

Konkret bedeutet das, dass wir nicht blind sein können für Armut und die Menschen am Rande der Gesellschaft oder *Bequemlichkeit und Sicherheit* zu unserer obersten Priorität erklären. Wenn wir wirklich glauben, dann können wir nie froh und glücklich sein und im Überfluss leben, und gleichzeitig die 25 000 Menschen ignorieren, die jeden Tag an Hunger und Unterernährung sterben. Wenn wir wirklich glauben, dann können wir nicht unsere Feinde beneiden oder ein Leben führen, in dem wir nur um uns selbst kreisen. An Jesus zu glauben, bedeutet Veränderung. Wie könnte es auch weniger bedeuten als das? Wenn jemand sagt: „Ich glaube“ und nur für sich selbst lebt, dann glaubt er eigentlich nicht.

Jesus hatte recht: An ihn glauben können wir durch das Wirken Gottes, das Wirken von Gerechtigkeit und Mitgefühl. Wir haben die schwere Aufgabe, Jesus auf dieser Welt zu repräsentieren, sodass sie erkennt, wie Gott wirklich ist. Ja, es geht um Jesus, der kein Geist aus der Flasche ist, sondern der Retter. Glaube wird bestätigt durch das, was wir denken, und unter Beweis gestellt durch unser Handeln. Das ist die ebenso schlichte wie harte Wahrheit über das Reich Gottes.

Und das hat auf jeden Fall mit *Erziehung* zu tun, denn die Art, wie ich Jüngerin bin, wie ich Jesus nachfolge, hat auch großen Einfluss darauf, was für eine Mutter ich bin. Entweder bin ich eine Mutter, der das Wirken Gottes leidenschaftlich am Herzen liegt, oder ich bin es nicht. Den Unterschied werden meine Kinder auf jeden Fall merken. Ich bringe ihnen nämlich entweder bei, sich selbst als Nabel der Welt zu betrachten, oder ich lehre sie, das Reich Gottes zu lieben; diese beiden Möglichkeiten schließen sich gegenseitig aus. Wenn ich wirklich glaube, dann gehören meine Kinder zu Jesus, und meine höchste Berufung besteht darin, sie seiner Fürsorge anzuvertrauen und dafür zu sorgen, dass sie das irgendwann auch selbst tun. Meine Aufgabe besteht darin, sie Jesus als rechtschaffene Jünger zu übergeben, die bereit und ausgerüstet sind, ihren Auftrag zu erfüllen.

Wenn ich glaube, dann schaffe ich ein Zuhause, in dem Barmherzigkeit herrscht.

Wenn ich glaube, dann erleben meine Kinder, dass ich vergebe und auch um Vergebung bitte.

Wenn ich glaube, dann wird meinen Kindern dieser geschundene Planet am Herzen liegen, für den Jesus zu sterben bereit war.

Ach, dass wir doch alle Menschen sein mögen, die wirklich glauben!

- Wofür haben Sie heute gebetet? Was sagt das über Ihre Motive, sich an Jesus zu wenden?

- Ist es eher das, was Sie von ihm wollen oder ist der Grund dafür, dass Sie ihn lieb haben?

Raus aus dem Schlendergang

Schauen Sie einmal in Ihren Kalender, was diese Woche und diesen ganzen Monat alles so ansteht. Wenn der Glaube an Jesus und die Art, wie wir leben, etwas miteinander zu tun haben, wie schätzen Sie dann Ihren eigenen Glauben ein? Wie Sie Ihre Zeit und Ihr Geld einsetzen, ist dabei ein guter Indikator.

14

Sich nicht auffressen lassen

Okay, Zeit für die Wahrheit. Meine Freundin hat viel über mich gelacht, während ich dieses Buch geschrieben habe, weil es mich schrecklich rührselig gemacht hat. Außerdem war ich den Kindern gegenüber extrem *besitzergreifend* und total *uncool.* (Nicht umsonst sagte Gavin: „Könntest du bitte aufhören, dem Schulbus hinterherzuwinken?" Ja, *genau so* eine Mutter bin ich. Eine, die im Schlafanzug auf der Veranda steht und dem Schulbus mit Mittelstufenschülern nachwinkt.) Ich habe keine Ahnung, wann mir die Grundregeln angemessenen Benehmens abhandengekommen sind, aber ich glaube, es war ungefähr zu dem Zeitpunkt, als ich den Vertrag für dieses Buch unterschrieben habe.

Allerdings blicke ich durch eine leicht rosarot getönte Brille zurück. Die Dauermüdigkeit hat nachgelassen, und ich neige jetzt dazu, die Zeit, in der die Kinder noch klein waren, als warm und kuschelig zu verklären. Tatsache ist jedoch, dass diese Phase des Mutterseins eher ein bisschen traumatisch für mich war. Weil mich niemand davor gewarnt hatte, habe ich meine Kinder im

Abstand von jeweils zwei Jahren bekommen, und das war wirklich hart.

Ich erinnere mich, dass ich mich panisch und verzweifelt fühlte, überfordert und verloren, und dass ich irgendwie vergessen hatte, was mir gefallen und gutgetan hatte, bevor die Kinder da waren. Wenn mich mein Mann beispielsweise fragte: „Wohin möchtest du essen gehen?" hatte ich keine Ahnung, was ich antworten sollte, und zwar nicht, weil mir kein Restaurant einfiel, sondern weil ich mich einfach nicht erinnern konnte, was ich besonders gern aß. Ich fühlte mich uninteressant und wenig anregend. Irgendwie war mir meine innere Diva abhandengekommen. Wenn ich jetzt versuche, mich daran zu erinnern, was mir in dieser Phase durch den Kopf ging, wenn ich in Gedanken versunken war, dann ist da nur ein großes schwarzes Loch mit Windeln und Stundenplänen.

Es gab zwar ein *Ich*, das irgendwo unter dem *Mamasein* vergraben war, aber ich hatte Mühe, es wieder auszubuddeln. Die Aufgabe als Mutter kleiner Kinder ist so komplex und umfassend, dass sie offenbar jede andere Rolle überlagert: Ehefrau, Freundin, Tochter, Berufstätige, *Frau*. Aber manches ist nun mal einfach, wie es ist. Die Zeit mit Kleinkindern ist die anstrengendste und forderndste Zeit im Leben mit Kindern, und daran ändert auch noch so viel Gejammer nichts. Wir können nun mal nicht alles haben. Und wenn wir glauben, dass in dieser Phase all die anderen Rollen und Bereiche im Leben denselben Anteil unserer Gesamtenergie bekommen können wie das Versorgen und Erziehen kleiner Kinder, dann ist das einfach unrealistisch.

Aber keine unserer Rollen kann voll ausgelebt werden, ohne dass dabei Abstriche in anderen Beziehungen gemacht werden müssen. Dementsprechend leiden unsere anderen Beziehungen, wenn wir unsere Kinder zum Mittelpunkt unseres Universums machen. Die Intensität der Verbindung zu unserem Mann, unseren Freunden und auch zu uns selbst lässt nach, wenn die Kinder alles aufzehren.

Jesus hat über die Prioritäten in Beziehungen eine ziemlich erschreckende Aussage gemacht, als er die Jünger mit seiner Version der Aufforderung, *sich vom Rockzipfel der Mutter zu lösen*, losschickte:

> *Wer seinen Vater oder seine Mutter, seinen Sohn oder seine Tochter mehr liebt als mich, der ist es nicht wert, mein Jünger zu sein.*
>
> MATTHÄUS 10,37

Das ist natürlich hart! Wer die Vorstellung hat, dass Jesus einer ist, der kleine Kätzchen mag und Lämmer streichelt, hat anscheinend noch nie die Evangelien gelesen.

Es gibt eine zentrale Wahrheit, auf die Jesus hier und an anderen Stellen hinauswill, und die sollten wir uns merken, liebe Mütter: Es gibt ein Ich, das nur in Jesus existiert. Wir haben eine Identität jenseits all unserer anderen Rollen. Ihr Sosein – Ihre Gaben, das, wofür Sie eine Leidenschaft haben, Ihre Persönlichkeit und Ihre Ziele –, das alles war schon vor Anbeginn der Zeit in Ihre DNA eingearbeitet. Bevor Sie Tochter, Schwester, Ehefrau und Mutter waren, gehörten Sie Gott. Sie sind seine Idee. Und Sie werden auch dann noch seine Tochter sein, wenn Ihre Eltern und Ihre Kinder nicht mehr da sind. Sie haben einen ganz eigenen, auch von Ihrem Mann unabhängigen, Zweck, und wenn Sie eines Tages vor Jesus stehen, dann nicht als Mutter oder Ehefrau oder als Tochter, sondern einfach nur als Sie *selbst*.

Jesus warnt uns davor, es zuzulassen, dass andere Beziehungen unsere Identität ganz und gar einnehmen. Er hat nicht gesagt: „Liebe deine Eltern und Kinder nicht" sondern: „Liebe sie nicht mehr als mich."

Ich sage Ihnen jetzt etwas: Wenn wir es hinbekommen, dass wir die Prioritäten so setzen, dass Jesus immer unser erster Verbündeter und Ansprechpartner ist, dann können wir uns selbst gar nicht verlieren und lassen uns auch nicht von unseren vielen verschiedenen Rollen auffressen.

Denn uns wäre dann ständig bewusst, dass wir geliebt und erlöst sind.

Jesus würde nie zulassen, dass wir unsere Gaben vergäßen und das, wofür wir eine Leidenschaft haben, denn schließlich hat er beides in uns hineingelegt.

Wir würden unsere Perspektive behalten, wären nicht so leicht abgelenkt und würden an die Kraftquelle und den Urheber unseres Friedens angeschlossen bleiben. Ja, wenn wir Jesus mehr lieben würden als alles andere, dann wären wir die bestmöglichen Mütter und die Traumfrauen unserer Männer. Wir würden unsere Ausstrahlung und unser Lachen behalten und uns auch an unser Lieblingsrestaurant erinnern. Und wir würden in den

Stürmen der Kleinkindphase fest verankert bleiben und weder die Orientierung noch den Verstand verlieren.

Unser Ich, das unter all den Mama-Aufgaben vergraben ist, ist wichtig. Halten Sie daran fest. Sorgen Sie dafür, dass es möglichst viel Zeit mit Jesus verbringt, dann wird er Ihr Ich daran erinnern, wer es ist.

Haben Sie sich irgendwie verloren? Welche Beziehung leidet am meisten darunter, dass Sie nicht richtig anwesend sind?

Raus aus dem Schlendergang

Wie auch immer Sie auf die Frage geantwortet haben, diese Beziehung verlangt mehr von Ihnen – auch wenn Ihre Antwort lautet: „Die Beziehung zu mir selbst." Wie können Sie diese Woche Ihre Zeit umverteilen? Was werden Sie konkret tun?

15

Camping im ersten Jahrhundert

Ich habe einen besseren Job, als ich es mir je hätte träumen lassen. Das gute Geld meiner Eltern habe ich zwar für einen wertlosen Collegeabschluss ausgegeben, aber zum Glück hat Gott in seinem großen Erbarmen eingegriffen. Denn jetzt schreibe ich Bücher, verfasse Bibelarbeiten und bin viel unterwegs, um Vorträge zu halten und dadurch zu unserem Lebensunterhalt beizutragen. Ich beschäftige mich intensiv mit der Bibel, unterrichte, erzähle lustige Geschichten und werde dafür auch noch bezahlt. Es ist fast zu schön, um wahr zu sein.

Wenn nur eines nicht wäre: Das Reisen.

Ich liebe das Unterrichten und den Kontakt mit Menschen. Aber die Flughäfen, verspäteten Flüge und verlorenen Koffer, die kleinen verschließbaren Plastikbeutel für Flüssigkeiten, Sitzplätze in der Mitte, Zwischenstopps, verpasste Fußballspiele, das Getrenntsein von der Familie und durch Busfahrten ersetzte Flüge – das alles mag ich gar nicht. Deshalb ist mein Lieblingsanblick der, wenn ich im Anflug auf Austin den UT Tower, das Royal Stadium, Frost Bank und Town Lake sehe. Dann habe ich immer denselben herrlichen Gedanken: *Beinahe zu Hause.*

> *Am letzten Tag, dem Höhepunkt der Festwoche, trat Jesus wieder vor die Menschenmenge und rief laut.*
>
> JOHANNES 7,37

Moment mal.

Das Fest, um das es hier geht, war das Laubhüttenfest. Es war das letzte von sechs Festen, die Gott durch Mose eingesetzt hatte. Während des Laubhüttenfestes lebten die Juden in Hütten aus Ästen und Zweigen.

> *So behalten eure Nachkommen für alle Zeiten im Gedächtnis, dass ich euch Israeliten in Laubhütten wohnen ließ, als ich euch aus Ägypten führte. Ich bin der Herr, euer Gott.*
>
> 3. MOSE 23,43

Während der sechs Tage des Laubhüttenfestes erlebten sie noch einmal den trostlosen Zustand, aus dem Gott ihre Vorfahren befreit hatte, denn in den vierzig Jahren, nachdem Gott sie durch Mose aus Ägypten herausgeführt hatte, lebten sie unter ganz ähnlichen Schutzdächern.

Das Volk Israel hatte spezielle Traditionen entwickelt, um das Ende dieses Festes zu begehen. Die spektakulärste davon war die Wasserzeremonie. Stellen Sie sich einen Festzug von anbetenden Menschen und Flötenspielern vor, die von einem Priester zum Teich von Siloah geführt werden. Der Priester hat zwei goldene Krüge, von denen einer für Wein ist, den anderen füllt er mit Wasser aus dem Teich. Ein Chor der Israeliten singt von Flöten begleitet den Psalm 118. Dann macht sich die gesamte Prozession durch das Wassertor auf den Rückweg zum Tempel. Eine Posaune erschallt, als die Priester den Tempelbereich wieder betreten. Der Zug nähert sich dem Altar, wo bereits zwei silberne Becken warten. In das eine gießt der Priester Wein als Trankopfer für Gott, in das andere das Wasser aus dem Teich Siloah.

Diese gesamte Zeremonie mit dem Umzug und den Flöten war eine fröhliche Angelegenheit, über die ein Rabbi von damals schreibt: „Wer diese Wasserzeremonie noch nie miterlebt hat, weiß nicht, was echte Lebensfreude ist."*

Das alles passierte am achten Tag des Laubhüttenfestes und wurde als „Tag der Freude" bezeichnet, weil die Juden dann aus den Hütten wieder in ihre Häuser zurückkehrten, so wie damals ihre Vorfahren nach dem Ende des Exils das Gelobte Land betreten hatten. Nach sieben Tagen in den Hütten wieder nach Hause zu kommen, machte die Menschen dankbar für Gottes Errettung und Versorgung, und zur Erinnerung daran feierten sie gemeinsam die Wasserzeremonie.

* http://jewsforjesus.org/publications/newsletter/1998_10/tabernacles.

Man erkennt jetzt, wie klug das ist, was Jesus am letzten Tag des Laubhüttenfestes öffentlich im Tempel sagt:

> *Am letzten Tag, dem Höhepunkt der Festwoche, trat Jesus wieder vor die Menschenmenge und rief laut: „Wer Durst hat, der soll zu mir kommen und trinken! Wer an mich glaubt, wird erfahren, was die Heilige Schrift sagt: Von seinem Inneren wird Leben spendendes Wasser ausgehen wie ein starker Strom."*
>
> JOHANNES 7,37–38

Das war damals ebenso erschreckend wie mitreißend, denn Jesus deutet durch diese Aussage die Feiertage des Volkes Israel und die einzelnen heiligen Bestandteile der Zeremonien um. Das war damals, als würde man heute der Beleuchtung des riesigen Weihnachtsbaumes auf der Rockefeller Plaza in New York City zurufen: „Hey! Ich bin der wahre Baum! Hänge deine Lichter an mich, und sie werden niemals ausbrennen!" Wirklich genial, dass Jesus den letzten Tag des Laubhüttenfestes wählt, um diese Wahrheit zu verkünden – den Tag, an dem die Menschen Sicherheit, eingelöste Versprechen und die Befreiung aus dem Exil feiern.

Es war der Tag, an dem sie wieder nach Hause gingen.

Damit sagte Jesus den Menschen: „So froh sich dieser Tag auch anfühlt, so fröhlich das Fest auch sein mag, und so bedeutungsvoll die Zeremonien sind, bei mir werdet ihr nie wieder Durst bekommen. Hier wird nur Wasser in ein Becken gefüllt, aber durch mich wird aus eurem innersten Wesen lebendiges Wasser fließen. Ihr verlasst heute eure Hütten und geht wieder nach Hause, aber ich bringe euch in euer ewiges Zuhause."

Ich liebe diese Rede, weil das, was Jesus sagt, so vertraut klingt. Es ist so zutreffend, dass dank Jesus Ströme lebendigen Wassers durch uns fließen. Mein Mann hat über die Beziehung zu Jesus einmal gesagt: „Es ist wie nach Hause zu kommen" und Jesus vergleicht sich hier selbst mit einem fröhlichen Tag, an dem gefeiert wird.

Wir haben es hier mit einem perfekten Lehrmoment zu tun. Ich denke dabei an Sie, Mutter kleiner Kinder, die so schwer arbeitet, um ein schönes, glückliches Zuhause zu schaffen – einen Ort, an dem die Familie durchatmen kann. Vielleicht kommen Sie aus einer Wüste und sind in einer Laubhütte groß geworden. Vielleicht sind Ihnen Jahre Ihres Lebens verloren gegangen, weil sie ohne Orientierung gelebt haben, im Exil, labil, rastlos und unstet. Vielleicht haben Sie nie ein glückliches Zuhause gekannt, haben Ihre Kindheit in der Wüste verbracht, hätten alles darum gegeben, nach Hause zu kommen und irgendwo freudig begrüßt zu werden, von jemandem, der Sie unendlich geliebt und alle Ihre Bedürfnisse erkannt und erfüllt hätte.

„Wenn jemand durstig ist, dann soll er kommen und trinken", sagt Jesus.

Jesus ist nicht nur die Stabilität, die Sie sich immer gewünscht haben, sondern er macht darüber hinaus eine Frau aus Ihnen, von der Ströme lebendigen Wassers ausgehen. Er schafft in Ihnen den Frieden, den Sie bei ihm finden, und Ihre Kinder sehen bei Ihnen die Kraft, die sie dann später bei Gott entdecken. Egal, wie lange Sie verloren und orientierungslos waren, oder wie einsam Sie sind, kommen Sie zu Jesus.

Es ist wie Nachhausekommen.

- Sind Sie ausgetrocknet, orientierungslos oder leben im Exil? War das, als Sie aufgewachsen sind oder ist es auch jetzt noch so? Beschreiben Sie, wie das ist.

- Kennen Sie die Freude, *nach Hause zu kommen*? Wie sind Sie befreit worden?

Raus aus dem Schlendergang

Tun Sie heute einmal etwas Besonderes, das Ihre Kinder und Ihren Mann froh macht, mit Ihnen zusammenzuleben.

16

Eine halb volle Tüte Chips

Zum Elternsein gehört so vieles, von dem ich nicht einmal etwas geahnt habe, als ich mich dafür entschied, Kinder zu bekommen. In der allerersten Zeit als Mutter wurden meine romantischen Vorstellungen von Mutterschaft durch Freuden wie Milch abpumpen, Sitzbäder und Hämorrhoiden zerstört. Leider hatte man darüber hinaus auch vergessen mir mitzuteilen, dass ich nach der Geburt immer noch aussehen würde, wie im sechsten Monat schwanger und drei Wochen lang Pampers für Erwachsene würde tragen müssen. Außerdem fand ich es ausgesprochen lästig, dass mir das Haar büschelweise ausfiel und mein Busen aus der Form geraten war.

In jüngster Zeit wird mir außerdem sehr bewusst, dass Muttersein bedeutet, jedes Schuljahr mehrfach zu wiederholen. Ich bin in den vergangenen sechs Jahren drei Mal in der Vorschule und in der ersten Klasse gewesen, und vor Kurzem habe ich in die Mittelstufe gewechselt. In der vierten Klasse drehe ich gerade die zweite Runde, und ich freue mich berichten zu können, dass sich meine Noten verbessern. (Mein Mann hat letztes Jahr in der Projektwoche mit einem naturwissenschaftlichen Projekt den zweiten Platz geschafft. Wir sind so stolz!) Wenn Sie Fragen haben über chinesische Einwanderer, Paul Revere, die Kindheit und Jugend von Prinzessin Diana, den Regenwald in Alaska, über Geckos, die Wirkung von zu viel Luft auf die Prellfähigkeit eines Fußballs oder Sie eine (tendenziöse) Zusammenfassung der Geschichte von Texas haben möchten, dann rufen Sie mich an, weil ich – ich meine natürlich meine Kinder – etwa 20 000 Stunden Recherche zu diesen und anderen faszinierenden Themen hinter mir habe.

Von einer Mutter wird erwartet, dass sie unentwegt gibt – und das hört einfach nicht auf. Anfangs ist es körperlich so anstrengend, als würde man jeden Tag einen Marathon absolvieren. In der Kindergartenzeit ist dann so viel emotionale Energie nötig, dass eine Freundin von mir einmal bei Facebook postete: „Grundgütiger Himmel!!! Ich habe ein Wortgefecht mit einem Dreijährigen. Und er gewinnt. Es soll bitte jemand kommen und mich retten, sonst klebt Blut an meinen Händen."

Später machen Sie dann vielleicht die Erfahrung, dass Sie mitten in Ihrem zweiten Schulprojekt im Laufe einer Woche einen emotionalen Zusammenbruch erleiden, der sie 112 Dollar und Ihren gesamten Sonntag (ich bekenne mich schuldig) kostet. Wir Mütter setzen unsere gesamte Zeit ein, bringen alle erdenklichen

Opfer und investieren jeden einzelnen Tag, den Gott werden lässt, in die Bedürfnisse unserer Kinder, sodass wir manchmal kaum noch schnaufen können.

> *Gebt, was ihr habt, dann werdet ihr so überreich beschenkt werden, dass ihr gar nicht alles aufnehmen könnt. Mit dem Maßstab, den ihr an andere anlegt, wird man auch euch messen.*
>
> LUKAS 6,38

Das ist ein Ausschnitt aus der Bergpredigt von Jesus. Darin geht es darum, dass wir unsere Mitmenschen lieben und bereit sein sollen, ihnen zu vergeben. Er betont darin, wie wichtig es ist, mit anderen zu teilen und ihnen auch Dinge auszuleihen, wenn sie etwas brauchen. Die Predigt mündet schließlich in den oben zitierten Satz.

Geben ist der Leitgedanke und der Schirm, unter dem das gesamte Leben eines Christen stattfindet. Es ist die Grundlage des Glaubens, von Gott in Auftrag gegeben und durch das Vorbild Jesu vervollständigt.

Doch es gibt da diesen winzig kleinen Anteil in mir, der egoistisch ist und fragt: „Und was ist mit mir? Wie viel kann ich geben, ohne dabei auszubrennen?"

Nachdem Jesus nun darüber gesprochen hat, dass man seine Feinde lieben, mit den Armen teilen, auch den Fragwürdigen etwas ausleihen und denen vergeben soll, die einen angreifen – also geben, geben, geben –, ist er dann wenigstens so klug zu sagen, dass das Geben auch eine zweite Seite hat: Denn wenn man gibt, bekommt man auch etwas zurück, und zwar in dem Maße, in dem man gegeben hat.

Gib reichlich und im Überfluss, dann bekommst du auch reichlich und im Überfluss. Im Umkehrschluss bedeutet das, dass du damit rechnen musst, dass du nichts bekommst, wenn du alles für dich behältst.

Zur Veranschaulichung dieses Prinzips verwendet Jesus ein Beispiel, das für einen Juden aus dem ersten Jahrhundert absolut vertraut und deshalb sehr einleuchtend war.

Damals wurden alle trockenen Waren in einem besonderen Maß abgemessen – dem Scheffel. Habgierige und geizige Händler füllten Getreidekörner oft möglichst locker in das Maß, sodass es zwar voll aussah, aber viel Luft zwischen den Körnern war, und der Kunde im Grunde nicht so viel Getreide bekam, wie ihm eigentlich zustand.

Auf die heutige Zeit übertragen wäre das so, als würde man eine Tüte Chips aufreißen und feststellen, dass sie nur halb voll ist.

Die Verpackung ist verlockend, aber undurchsichtig, und enthält in erster Linie Plastik und Luft.

Es kann leicht passieren, dass wir auch unseren Kindern auf diese Weise geben, indem wir ihnen unsere ungeteilte Aufmerksamkeit und das volle Maß unserer Liebe vorenthalten. Das geschieht sicher nicht absichtlich oder gar aus bösem Willen, aber manchmal ist das Ausmaß ihrer Bedürftigkeit und die pure Menge der Anforderungen und Aufgaben so überwältigend, dass es uns richtig lähmt. Und wir verfügen nun mal nur über ein bestimmtes Maß an Aufmerksamkeit und Geduld.

Außerdem sind da neben dem Elternsein auch noch all die anderen Aufgaben, die ab und zu unsere Aufmerksamkeit verlangen. Und so passiert es dann leicht, dass wir unsere Kinder wegscheuchen, nur mit einem Ohr hinhören, oder wir sind kurz angebunden und füllen damit das Maß unserer Kinder so locker und luftig wie möglich, um es irgendwie durch den Tag zu schaffen.

Jesus hat versprochen, dass wir alles zurückbekommen, wenn wir uns bewusst dafür entscheiden, zu geben und auch Opfer zu bringen – und zwar in vollem Maße, so viel wir können. Und das nicht so, wie die halb volle Tüte Chips, sondern ein *gedrücktes, gerütteltes, übervolles Maß*, wie es in der Lutherübersetzung heißt. So machten es damals nämlich die großzügigen Händler. Sie schütteten das Getreide in das Maß und ruckelten und schüttelten und drückten es dann, um möglichst viele Körner hineinzubekommen. „So wird man es euch in den Schoß geben", sagt Jesus.

Meine drei *man* sind drei bedürftige Kinder, die mir mehr abverlangen, als ich je gedacht hätte. Aber dieselben *man* fangen auch schon damit an, zurückzugeben.

Gedrückt: Gavin meinte letzte Woche zu uns: „Als Papa gepredigt hat, hatte ich das Gefühl, dass Gott zu mir spricht. Ich kann es nicht erklären, aber ich möchte einen Teil von meinen Computerspielen verkaufen und das Geld jemandem geben, der es dringend braucht."

Gerüttelt: Sydney im Auto: „Mist! Es ist so schwer, sich für nur *einen* Beruf zu entscheiden! Soll ich ein Waisenhaus leiten? Oder lieber eine Obdachlosenunterkunft bauen, in der es *richtige* Betten gibt? Oder soll ich Ärztin werden für Menschen ohne Krankenversicherung? Es gibt so viele Menschen, die Hilfe brauchen, Mama."

Übervoll: Als ich gestern Abend mit Caleb betete, krabbelte er auf meinen Schoß, schlang seine Arme um meinen Hals und sagte: „Ich möchte gerne, dass wir uns jetzt immer umarmen, wenn wir gebetet haben."

Lassen Sie uns unsere Kinder immer bis zum Rand füllen – trotz Erschöpfung, bei aller Müdigkeit –, dann werden auch wir selbst ganz und gar und bis zum Überlaufen erfüllt werden.

Zu welcher Tageszeit oder durch welche Möglichkeit der Ablenkung (Computer, Fernsehen, Putzen) geraten Sie besonders stark in Versuchung, knauserig zu werden in dem, was Sie Ihren Kindern geben?

Raus aus dem Schlendergang

Entscheiden Sie sich heute dafür, auf diese Ablenkung zu verzichten beziehungsweise kämpfen Sie sich durch das Tief hindurch, in dem Sie Ihre Kinder lieber mit weniger abspeisen würden, als möglich wäre. Lassen Sie den Tag heute einen mit einem gerüttelt vollen Maß sein.

17

Tequila Sunrise

Vor ein paar Jahren hat meine Freundin Jennifer in einem sozialen Brennpunkt von Nashville einen Ferienbibelkurs für Kinder angeboten. Jeden Abend bekamen die Kinder einen Bibelvers mit auf den Weg, den sie bis zum nächsten Tag auswendig lernen konnten. Wenn sie es schafften, ihn am nächsten Morgen fehlerlos aufzusagen, bekamen sie einen Preis.

Eines Morgens kam ein Mädchen namens Tequila Sunrise – so einen Namen kann ich mir unmöglich ausgedacht haben – nach vorne geschossen, um den auswendig gelernten Vers vorzutragen, der lautete: „He was not here. He is risen, just as he has said!" („Er ist nicht hier. Er ist auferstanden, genau wie er gesagt hat.")

Und während sie vor Aufregung wie ein Flummi auf dem Podium herumhüpfte, weil sie gleich ihren Preis bekommen würde, rief sie: „He ain't here! He's in prison. Just like I said." („Er ist nicht hier! Er ist im Gefängnis. Genau wie ich gesagt habe.")

Nachdem ich mich wieder eingekriegt hatte, dachte ich über

Tequila nach (und wünschte, sie gehörte zu meiner Familie, denn dann hätte ich für den Rest meines Lebens jeden Tag viel Spaß). Ich überlegte, was für eine Vorstellung sie wohl von Jesus hatte. Dass Jesus im Gefängnis sein sollte, erschien ihr jedenfalls absolut einleuchtend, denn das kannte sie aus ihrem Umfeld. Das Wort Gottes durchlief bei ihr den Filter ihrer Alltagserfahrungen, und deshalb fand sie absolut nichts Ungewöhnliches daran, den Messias im Knast zu verorten.

Jesus erlebte mit seinen Jüngern etwas ganz Ähnliches. Die Juden hatten eine stark verzerrte Vorstellung von Führung und Leitung, weil sie regiert und beherrscht wurden von:

- den mächtigen Römern, die ihr heiliges Land erobert hatten und jetzt mit Gewalt und Brutalität herrschten und Furcht und Schrecken verbreiteten,
- jüdischen Verrätern, die für Macht und Einfluss in der Region den Römern ihre Loyalität verkauften,
- selbstgerechten, gesetzlichen Pharisäern und Sadduzäern, die unmöglich einzuhaltende religiöse Gesetze auch noch um Unmengen von Einzelregeln erweiterten und diese durchsetzten.

Das waren die einzigen Führertypen, die die Juden jemals erlebt hatten – tyrannische, gierige Verräter und von einer falschen, heuchlerischen Frömmigkeit beherrschte geistliche Leiter. Einen wie Jesus hatten sie noch nie erlebt, und weil Jesus das wusste, sorgte er für den perfekten Augenblick, in dem er seinen Anhängern etwas Bestimmtes vermittelte. Dazu nahm er die Jünger mit auf einen Fußmarsch von Bethsaida nach Caesarea Philippi, das etwa 45 Kilometer nördlich lag. Caesarea Philippi war ein heidnischer Ort, denn dort hatte sich 323 vor Christus ein General Alexander des Großen angesiedelt und eine klar erkennbare griechische Kultur begründet.

Damals war dort eine Höhle entdeckt worden, in der unterirdisch das Schmelzwasser vom Berg Hermon abfloss und am Fuß einer hohen Klippe wieder zum Vorschein kam. Diese Höhle war dem griechischen Gott Pan, dem Gott der Hirten und der Natur, geweiht und als heilig erklärt worden, weshalb man dort eine Art Anbetungsort namens Banyas errichtet hatte.

Im Jahr 20 vor Christus wurde Banyas dem Königreich Herodes des Großen zugeschlagen. Herodes war König von Judäa und pro-römisch eingestellt. Aus diesem Grunde errichtete er neben dem bereits vorhandenen Pan-Tempel zusätzlich einen Tempel, der Augustus Caesar geweiht wurde. Als Herodes starb, erbte sein Sohn Philippus das Gebiet, in dem Banyas lag. Er nannte die Stadt jetzt „Caesarea Philippi" und erklärte sie zur Hauptstadt seines Reiches.

Für einen jüdischen Wanderrabbi und seine Jünger war dieser Ort wegen seiner heidnischen Prägung schon ein etwas merkwürdiges Ziel. Ich kann mir vorstellen, dass die Jünger ziemlich ungläubig die beiden heidnischen Schreine anstarrten – einer für Pan, der andere für Augustus – die seitlich in den Felsvorsprung gehauen worden waren, zudem sich daneben auch noch in den Fels gehauene Nischen mit allen möglichen Götzenbildern befanden. Aber Jesus wollte seinen Jüngern etwas Wichtiges vermitteln, und zwar mithilfe der Kulisse, die er dort zur Verfügung hatte.

> *Als Jesus in die Gegend von Cäsarea Philippi kam, fragte er seine Jünger: „Für wen halten die Leute eigentlich den Menschensohn?“*
> *Die Jünger erwiderten: „Einige meinen, du seist Johannes der Täufer. Manche dagegen halten dich für Elia und manche für Jeremia oder einen anderen Propheten von früher.“*
> MATTHÄUS 16,13–14

Menschen setzen Jesus seit jeher mit ihren persönlichen Helden aus Legenden und Geschichten gleich – und auch mit ihren Eltern, Pastoren und Vorgesetzten. Streng oder mitfühlend, nie zufriedenzustellen, gesetzlich, freundlich, unehrlich, glaubwürdig, zornig … wir versehen Jesus mit den Etiketten, die wir aus unserem Umfeld und aus eigenen Erfahrungen kennen. Auch Sie und ich haben das wahrscheinlich schon getan. Wenn wir erwachsen sind, stellt sich dann heraus, dass unsere Übertragungen richtig oder falsch sind, und dann freuen wir uns entweder über das Wesen Gottes oder korrigieren, was wir falsch eingeschätzt oder beurteilt haben.

Doch unsere Kinder sind noch mitten in diesem Prozess. Sie lernen und erfahren gerade erst, wer Jesus ist. Und wie Ihre

Kinder Jesus sehen und ihn sich vorstellen, wird unter anderem auch bestimmt durch den Geist, der bei Ihnen zu Hause herrscht, und durch die Art, wie Sie als Eltern reden. Wie würden unsere Kinder Jesus beschreiben?

> *„Und ihr – für wen haltet ihr mich?", fragte er sie.*
> *Da antwortete Simon Petrus: „Du bist der Christus, der von Gott gesandte Retter! Du bist der Sohn des lebendigen Gottes."*
> *„Du kannst dich wirklich glücklich schätzen, Simon, Sohn von Jona", sagte Jesus. „Diese Erkenntnis hat dir mein Vater im Himmel gegeben; von sich aus kommt ein Mensch nicht zu dieser Einsicht.*
> *Ich sage dir: Du bist Petrus. Auf diesen Felsen werde ich meine Gemeinde bauen, und selbst die Macht des Todes wird sie nicht besiegen können."*
>
> MATTHÄUS 16,15–18

Merken Sie, was Jesus hier tut? Er nimmt die Jünger mit zu diesem Felsen in einer gottlosen Stadt, die von fremden Herrschern regiert wird, die Götzendienst treiben, und deutet deren Vorstellungen von Macht, geistlicher Leitung und Herrschaft um. Als sie da an dem Felsen stehen, der für all die Irrwege und jeden nur denkbaren Irrglauben steht, erklärt er, wer der wahre Fels ist: Der Name Jesus – übernatürlich, unverrückbar und ewig. Was für ein Lehrer Jesus doch ist!

Und so sollten auch wir als Mütter es machen. Wir müssen

kritisch im Blick haben und begleiten, wie unsere Kinder Jesus sehen und ihn beschreiben. Es ist absolut wichtig, die negativen Vorstellungen auszusortieren und ihnen das wahre Wesen Jesu nahezubringen. Wenn Jesus schon der Meinung war, dass seine erwachsenen Anhänger so einen bildlichen Anschauungsunterricht brauchten, dann sollten wir es bei unseren Kindern doch erst recht so machen.

„Jesus ist wie dieser Schirm …"

„Jesus ist wie dieser Baum …"

„Jesus ist wie der Berg da …"

Als meine Freundin Christi mit zwölf Jahren ihren Vater einmal fragte, ob sie wirklich gerettet sei, ging er mit ihr zu seiner Scheune, die etwa einen halben Kilometer vom Wohnhaus entfernt auf seiner 35 Hektar großen Farm stand.

Er holte einen Holzstab und einen Vorschlaghammer heraus, schlug den Stab tief und fest in den Boden und sagte: „So Christi, und jetzt versuch mal, den wieder herauszuziehen."

Der Stab ließ sich natürlich keinen Millimeter bewegen, und Christis Vater erklärte ihr, genau so sei das auch mit ihrer Rettung. Diese sei absolut sicher und unverrückbar und zwar für immer und ewig. Auch schlechte Entscheidungen oder Fehler könnten daran nichts ändern, sagte er. Denn Jesus sei immer in ihrem Herzen, und nichts, was sie täte, könne daran jemals etwas ändern. Welch ein großartiger Lehrer!

Was er seiner Tochter da vermittelt hat, machte einen so nachhaltigen Eindruck auf sie, dass sie noch zwanzig Jahre später davon spricht.

Wir müssen unseren Kindern auf jede nur denkbare Weise erklären, wer Jesus ist. Einfach davon auszugehen, dass ihnen in der Gemeinde schon irgendwie das richtige Bild vermittelt wird, ist verantwortungslos. Es gibt für unsere Kinder keine Beziehung, die so wichtig ist, wie die zu Jesus. Deshalb müssen wir als Mütter dafür sorgen, dass sie gehegt und gepflegt wird, damit sie sich gut entfalten kann. Was nützt es denn, wenn unsere Kinder ein Einser-Abitur machen und ihr Studium mit summa cum laude abschließen, aber immer noch glauben, dass Jesus zornig, unwichtig oder richtend ist oder schlimmer noch, es ihn gar nicht gibt? Sie müssen erfahren, wie er Babys auf den Arm genommen und gesegnet und Kinder vom Tod auferweckt hat. Sie müssen hören, wie er der Mittelpunkt von Festen war, und dass er die Ausgestoßenen, die Menschen am Rande der Gesellschaft lieb hatte. Sie müssen begreifen, dass er nicht gefangen genommen und umgebracht wurde, sondern sein Leben freiwillig hingegeben hat, als die Zeit dafür gekommen war. Es ist unsere Aufgabe, dafür zu sorgen, dass unsere Kinder eine Antwort haben, wenn Jesus sie fragt: „Für wen haltet ihr mich …?“

Raus aus dem Schlendergang

Überlegen Sie sich, wie Sie Ihren Kindern heute ganz konkret etwas über das Wesen Jesu vermitteln können. Finden Sie eine Möglichkeit, ihnen zu zeigen, dass er wirklich da ist und dass er sie liebt und beschützt.

18

Mein „Empty Nest Syndrom"

Als ich kürzlich einmal allein im Auto unterwegs war, habe ich wie ein Schlosshund darüber geheult, dass mein Sohn auszieht und aufs College geht. Ich kann mir einfach nicht vorstellen, dass sein Zimmer unbewohnt ist und ertrage den Gedanken nicht, dass er ohne mich zurechtkommen soll. Gavin bringt uns vierzigmal am Tag zum Lachen, und so zu tun, als wäre alles normal, wenn 20 Prozent der Familie plötzlich nicht mehr da sind, ist einfach lächerlich. Ich kann an nichts anderes denken als an Gavin als Kleinkind, Gavin im Kindergarten oder Gavin, wie er in der vierten Klasse in der Musicalaufführung ein Solo singt. Ich ertrage den Gedanken einfach nicht, ihn herzugeben. Er ist noch nicht so weit fürs College. Wird er mich oft genug anrufen? Wird er uns erzählen, wie es wirklich ist? Was, wenn er uns braucht, und wir viel zu weit weg sind?

Solche elenden Gedanken schwirrten immer noch in meinem Kopf herum, als ich mit verheultem Gesicht unser Haus betrat.

Brandon: „Was ist denn los?“

Ich: „Ich bin so traurig.“

Brandon: „Wieso denn? Was ist denn passiert?“

Ich: „Gavin geht aufs College, und er wird mir so sehr fehlen, dass ich es nicht aushalte.“

Brandon: (lange Pause) „Er ist elf.“

Ich: „Aber irgendwann geht er!“

(Waaaaaaaaaaa!)

(*Brandon flüchtete daraufhin zu unseren Nachbarn, wo niemand Tränen über etwas vergießt, das erst in sechs Jahren ansteht.*)

Ich lebe in dem ständigen Bewusstsein, wie kostbar und wundervoll die Zeit ist, in der die Kinder groß werden. Wir haben nur diese kurze Phase gemeinsam mit ihnen und die Zeit fliegt nur so dahin. Aber gerade diese wenigen Jahre ihrer Kindheit sind von entscheidender Bedeutung, denn sie entscheiden letztlich darüber, wie sie einmal sein werden. Unsere Kinder sind noch so formbar und beeinflussbar und entwickeln in dieser Zeit ihr Weltbild und viele Gewohnheiten. Das menschliche Gehirn ist schließlich bis zur späten Pubertät noch gar nicht vollständig entwickelt, und bei Männern dauert es manchmal sogar bis ins junge Erwachsenenalter. (Wer hätte das gedacht …!)

Doch für uns Mütter sind das im Grunde wunderbare Nachrichten. Unsere Kinder werden nie wieder so aufnahmefähig und wissbegierig sein wie jetzt. Später ist es viel schwerer, Gewohnheiten wieder abzulegen, eigene Vorstellungen kommen dazu und prägen sich ein, die Sichtweisen der Kinder werden eingefahrener, und neue Ideen und Vorstellungen lassen sich nicht mehr so leicht vermitteln und integrieren. Die Sensibilität für alles Spirituelle ist im Leben nie wieder so ausgeprägt wie in der Kindheit. 85 Prozent aller gläubigen Christen haben ihre Entscheidung für Jesus vor ihrem 14. Geburtstag getroffen. Nach diesem Zeitfenster sind nur noch 15 Prozent in ihren Überzeugungen so flexibel, dass darin Raum für Jesus ist. (Bei den über Dreißigjährigen sind es dann nur noch vier Prozent.)

Momentan sind unsere Kinder wie Wachs in unseren Händen. Bis zur Pubertät haben wir den stärksten Einfluss auf sie, denn bis dahin sind sie wissbegierig, anpassungsfähig und flexibel und längst nicht so skeptisch und misstrauisch wie später. Deshalb kommen sie nie wieder so leicht zum Glauben. Und das war anscheinend schon immer so.

> *Zu derselben Stunde traten die Jünger zu Jesus und sprachen: „Wer ist nun der Größte im Himmelreich?" Und er rief ein Kind zu sich und stellte es mitten unter sie und sprach: „Wahrlich, ich sage euch: Wenn ihr nicht umkehrt und werdet wie die Kinder, so werdet ihr nicht ins Himmelreich kommen. Wer nun sich selbst erniedrigt und wird wie dieses Kind, der ist der Größte im Himmelreich."*
>
> MATTHÄUS 18,1–4

Dass Jesus nicht selbst Vater war, heißt nicht, dass er Kinder nicht verstand. Finden Sie seine Antwort nicht auch großartig? Offenbar wollten die Jünger sich selbst als Top-Anhänger positionieren und sich einen Ehrenplatz im Reich Gottes sichern. Deshalb war es so typisch für Jesus, ein Kind in den Kreis hineinzuziehen und zu sagen: „Hier – seid wie dieses Kind, sonst werdet ihr in meiner Welt nie groß sein."

Bescheiden, einfach, formbar, vertrauensvoll – Kinder sind dem Reich Gottes so viel näher als Sie und ich. Das wirft zwar kein gutes Licht auf unsere Fähigkeit zur Flexibilität, aber für die Kleinen, die wir großziehen, sind das gute Nachrichten. Sie sind unbeschriebene Blätter, offen und empfänglich, und es gibt zwei Gründe, weshalb wir das feiern sollten:

- Wir haben sie noch nicht verkorkst. (Dazu bleibt zwar immer noch genügend Zeit, aber fürs Erste: Hurra!)

- Es wird nie wieder so einfach sein, unseren Kindern Jesus nahezubringen.

Ihre Kinder hängen an Ihren Lippen. Sie glauben, was Sie sagen. Sie sind (im positiven Sinne) einfach genug, damit Ihre Kinder lernen, an einen Retter zu glauben, der auf dem Wasser gehen konnte und sie schon kannte, bevor sie geboren wurden.

Ihre Kinder können ein Weltbild entwickeln, das mit einem himmlischen Vater beginnt und endet. Sie vertrauen Ihnen einfach, ohne das Bedürfnis oder gar den Drang zu haben, alles zerpflücken zu müssen, was Sie glauben. Sie sind niedrig hängende und leicht zu erntende Früchte des Reiches Gottes.

Das Gute an der mit der Zeit abnehmenden Flexibilität von Menschen ist jedoch auch Folgendes: Wenn unsere Kinder schon früh in ihrem Leben Jesus angenommen und seine Liebe zu unserem Planeten übernommen haben, dann ist die Wahrscheinlichkeit geringer, dass sie ihren Glauben später wieder aufgeben. Ihre geistliche DNA wird mit jedem Moment stabiler, und sie werden die Überzeugungen, die sie in diesen prägenden Jahren entwickelt haben, nicht so leicht wieder über Bord werfen. Ein Kind, das sich in Jesus verliebt, und für das er das Ein und Alles wird, bleibt wahrscheinlich für den Rest seines Lebens auch dabei.

> *Bring dein Kind schon in jungen Jahren auf den richtigen Weg, dann hält es sich auch im Alter daran.*
>
> SPRÜCHE 22,6

Welche geistlichen Fragen haben Ihnen Ihre Kinder schon einmal gestellt?

Raus aus dem Schlendergang

Bringen Sie heute ein Gespräch über ein geistliches Thema mit Ihren Kindern in Gang. Dazu eignen sich Dinge aus ihrer Gesellschaft, z. B. aus dem Bereich der Natur, der Familie oder dem Thema Freundschaft.

19

Das Weihnachtsmann-debakel

Wir gehören nicht zu den Eltern, die eine ausgefeilte und aufwendige Weihnachtsmanntradition mit entsprechender Dramaturgie inszeniert haben. Wir haben an Heiligabend traditionsgemäß Milch und Kekse für den Weihnachtsmann hingestellt und natürlich ab Oktober auch die allgemein übliche Drohung eingesetzt, dass der Weihnachtsmann nicht kommen würde, wenn sich die Kinder nicht auf der Stelle anständig benähmen.

Von den Geschenken, die die Kinder zu Weihnachten bekamen, war immer nur eins vom Weihnachtsmann. Denn bei allem guten Willen habe ich mich schlicht geweigert, die gesamte Anerkennung für meine Arbeit und Mühen beim Besorgen und Verpacken der Geschenke ihm zu überlassen. Wenn der Weihnachtsmann die zusätzlichen Rechnungen aus der

Weihnachtszeit übernimmt, dann kann er von mir aus auch die ganze Weihnachtsehre haben.

Doch selbst bei uns, in einer Familie, in der der Weihnachtsmann eine eher untergeordnete Rolle spielte, kam unweigerlich das Jahr, in dem unsere Kinder das Ganze nicht mehr so recht glauben wollten. Und natürlich gibt es in jeder Grundschulklasse immer das eine fiese Kind, das unbedingt herausposaunen muss: „Den Weihnachtsmann gibt's ja gar nicht. Die Geschenke kommen von Mama und Papa." Aber auch ohne einen solchen Spielverderber zweifeln Kinder irgendwann instinktiv selbst daran, dass ein Mann mit dickem Bauch in einem lächerlichen roten Anzug in einem Rentierschlitten durch die Luft gezogen wird und in einer einzigen Nacht jedem Haus auf der ganzen Welt seinen Besuch abstattet.

Wir hatten jedenfalls beschlossen, dass wir unseren Kindern die Wahrheit sagen würden, wenn sie danach fragen, und als dann die Frage aller Fragen tatsächlich von Sydney kam, versuchte ich es erst einmal mit der Ablenkungstechnik. („Glaubst *du* denn, dass es ihn gibt?") Bei Gavin konnten wir mit dieser Strategie die Entzauberung noch ein Jahr länger hinauszögern, aber Sydney ließ sich dadurch nicht beirren.

„Das habe ich doch *dich* gefragt, Mama", antwortete sie nur ganz sachlich.

„Erinnerst du dich an den Weihnachtszauber und die Sache mit der Zeitschleife?", versuchte ich es mit letzter Verzweiflung.

„Mama!"

„Okay, es sind Papa und ich."

„Hab ich's doch gewusst!"

Seufzen, Schweigen, Nachdenken und zu dem Schluss gelangen, was für Lügner wir sind. „Weißt du was, Mama? Ich wollte es ja wirklich glauben, aber die fliegenden Rentiere, die konnte ich euch einfach nicht mehr abnehmen", setzte sie noch einen obendrauf.

Ich glaube, dass wenn der Weihnachtsmann auf die fliegenden Rentiere verzichten könnte, die Anzahl derer, die an ihn glauben, sprunghaft ansteigen würde. Die Rentiere ziehen leider die Legende in den Dreck.

Zweifel sind die natürlichen Begleiter des Weihnachtsmannes – und auch Gottes. Bei allem Unsichtbaren gibt es den Moment, in dem auch der standhafteste Gläubige sagt: „Wirklich?" Und Zweifel sind nicht nur ganz normal, sondern Jesus gab ihnen auch Raum.

Hintergrundgeschichte: Johannes der Täufer war nicht nur der Cousin von Jesus, sondern auch sein Wegbereiter. Sein Lebenszweck und Auftrag bestand darin, das Kommen Jesu zu verkünden.

Johannes' Empfängnis war ein beinahe genauso großes Wunder wie die Empfängnis Jesu. Auch sein Anfang war begleitet von Engeln und Prophetien, und es war seine Bestimmung, die Menschen auf das öffentliche Wirken Jesu vorzubereiten. Johannes verbrachte sein gesamtes Leben wartend in der Wüste. Als er dann schließlich irgendwann öffentlich auftrat, war sein Wirken, durch das er auf das Wirken Jesu vorbereiten sollte, so machtvoll, dass sich die Menschen fragten, ob er nicht selbst der verheißene Messias sei.

Sobald er Jesus getauft – und ihn dadurch für seinen Auftrag eingesetzt hatte – wurde Johannes von König Herodes ins Gefängnis gesperrt und konnte selbst nicht mehr mitverfolgen, wie Jesus sich öffentlich zu erkennen gab.

Für einen Mann, dessen *gesamte Funktion* darin bestand, Jesus anzukündigen, war Folgendes allerdings überraschend:

> *Johannes der Täufer saß zu der Zeit im Gefängnis und erfuhr dort von den Taten, die Jesus Christus vollbrachte. Er schickte seine Jünger zu Jesus und ließ ihn fragen: „Bist du wirklich der Retter, der kommen soll, oder müssen wir auf einen anderen warten?"*
>
> MATTHÄUS 11,2–3

Johannes war klar, dass seine Zeit auf dieser Erde beinahe abgelaufen war, und er stellte im Angesicht seines eigenen Todes in seiner letzten Nachricht an Jesus diese wichtige Frage. Johannes war ziemlich sicher, eigentlich fast ganz sicher, dass Jesus der Messias war, aber Zweifel veranlassten ihn zu dieser Frage, und er wollte *wirklich* ganz sicher sein.

Sind Sie darüber genauso erleichtert wie ich? Wenn es sogar bei *Johannes dem Täufer* einen letzten Zweifel gab, dann brauchen wir uns doch wirklich nicht zu schämen, wenn wir solche Momente erleben, oder? Damit möchte ich auf keinen Fall chronischem Zweifeln das Wort reden, aber Jesus fordert uns auf,

„unseren Blick auf das zu richten, was jetzt noch unsichtbar ist" (2. Korinther 4,18), und das ist keine kleine Bitte.

Vielleicht misst Gott deshalb dem Glauben eine so große Bedeutung bei. Es ist schwer, einem Gott zu vertrauen, den man nicht sehen kann. Wenn man dann noch falsche Auslegungen durch manch andere Christen, die unansehnlichen Bereiche seiner weltweiten Gemeinde und die Manipulation seines Wortes dazunimmt, dann hat wohl jeder irgendwann mit Zweifeln zu kämpfen.

Das muss Jesus doch sicher heftig zugesetzt haben, oder? Wenn sogar Johannes der Täufer Zweifel daran hatte, wer Jesus war, welche Hoffnung gibt es denn dann für ganz normale Gläubige? Also auf der Liste derer, die sich ganz sicher hätten sein sollen, hätte doch Johannes ganz oben stehen müssen. Sein Zögern und Zweifeln hätte ohne Weiteres einen Dominoeffekt auslösen können, und eigentlich hätte Jesus ihn für diese Frage zurechtweisen müssen, aber es passierte Folgendes:

> *Jesus antwortete und sprach zu ihnen: „Geht hin und sagt Johannes wieder, was ihr hört und seht: Blinde sehen und Lahme gehen, Aussätzige werden rein und Taube hören, Tote stehen auf und Armen wird das Evangelium gepredigt; und selig ist, wer sich nicht an mir ärgert."*
> *Als sie fortgingen, fing Jesus an, zu dem Volk über Johannes zu reden: „Was zu sehen seid ihr hinausgegangen in die Wüste? Ein Schilfrohr, das vom Wind bewegt wird?*

Oder was zu sehen seid ihr hinausgegangen? Einen Menschen in weichen Kleidern? Siehe, die weiche Kleider tragen, sind in den Häusern der Könige.

Oder was zu sehen seid ihr hinausgegangen? Einen Propheten? Ja, ich sage euch: Er ist mehr als ein Prophet. Dieser ist's, von dem geschrieben steht: ‚Siehe, ich sende meinen Boten vor dir her, der deinen Weg vor dir bereiten soll.'

Wahrlich, ich sage euch: Unter allen, die von einer Frau geboren sind, ist keiner aufgetreten, der größer ist als Johannes der Täufer; der aber der Kleinste ist im Himmelreich, ist größer als er."

MATTHÄUS 11,4–11

Klingt das nach einem genervten, verärgerten oder gar empörten Erlöser? Wie Sie sehen, brauchen selbst die größten und besten Heiligen Gottes manchmal ein bisschen Zuspruch und Bestätigung. Jesus sagt: „Hey! Johannes ist kein Halm, der im Wind hin und her schwankt, sondern im Gegenteil." Johannes war gefestigt und stark. Seine Frage war kein Zeichen von Schwäche, sondern sie war absolut berechtigt, und Jesus würdigte sie ohne einen Hauch von Missbilligung mit der bestmöglichen Antwort.

Johannes konnte jetzt sicher sein, dass Jesus der eine war: Er brauchte nur die Blinden, Lahmen, Kranken, Tauben, Toten und Armen zu fragen, denen Jesus geholfen hatte.

Und das Gleiche gilt auch für uns heute. Haben Sie mit Zweifeln zu kämpfen und fragen sich, ob Jesus wirklich der eine ist?

Das ist okay. Sie sind in guter Gesellschaft und Jesus verurteilt Sie nicht wegen Ihrer Frage.

Daran können Sie erkennen, dass Jesus der Erlöser und Retter ist: Hat Jesus Ihnen schon jemals die Augen geöffnet, Ihnen blinde Flecken gezeigt und Klarheit geschenkt?

Haben Sie schon erlebt, wie jemand, der seelisch schwer mitgenommen war, wieder aufrecht gehen konnte, nachdem er Jesus kennengelernt hatte?

Haben Sie schon erlebt, wie Jesus Menschen von Gier, Egoismus und Stolz geheilt hat?

Hat Jesus Ihre geistliche Taubheit besiegt und Erlösung in Ihr Leben hineingesprochen?

Haben Sie schon erlebt, dass er einen Menschen wieder zum Leben erweckt hat? Oder eine Ehe? Oder eine Familie? Oder eine Gemeinde?

Erinnern Sie sich noch daran, wie arm Sie waren, bevor Jesus Sie mit seiner radikalen Liebe gerettet hat?

Jesus mag zwar unsichtbar sein, aber es gibt überall Beweise dafür, wie groß er ist. Wenn sich bei Ihnen Zweifel einschleichen und Sie sich fragen, ob Sie das Richtige glauben, dann schauen Sie sich doch einfach einmal um. Wo Heilung stattgefunden hat, muss es einen Heiler geben. Wo Erlösung stattgefunden hat, muss es einen Erlöser geben. Wo Sie Erneuerung gesehen haben, muss es einen Erneuerer geben. Wenn jemand gerettet wurde, dann gab es einen Retter. Wo die Liebe gesiegt, die Hoffnung triumphiert und der Glaube alles besiegt hat … da war Jesus der Held.

- Gibt es eine Lehre oder eine konkrete theologische Aussage, die Ihnen Probleme bereitet?

- Was ist der größte Beweis für Jesus, den Sie je gesehen oder erlebt haben?

Raus aus dem Schlendergang

Sagen Sie Ihren Kindern heute auf altersgemäße Art, was das Größte ist, was Sie Jesus jemals haben tun sehen.

20

Hosenrock

Vor einiger Zeit bekam ich einen Anruf von meiner Freundin Trina, den wir anschließend unter der Kategorie *urkomisch* abgelegt haben. Schon als sie sich meldete, wusste ich sofort, dass etwas nicht in Ordnung war:

Trina: „Ich bin es, Jen. Ich habe ein Problem."

Jen: „Was ist denn los? Ist etwas passiert?"

Trina: „Ich bin gerade Shoppen, und plötzlich (jetzt flüstert sie), weiß ich nicht mehr, was mir steht! Ich schaue mir ein Outfit an und denke: *Das ist süß. Das würde auch meine Schwester anziehen.* Aber meine Schwester ist zwanzig Jahre älter als ich!"

Jen: „Jetzt beruhige dich erst mal. So schlimm ist das doch bestimmt gar nicht. Hat es einen Bund mit Gummizug und Stickerei an Ärmeln und Manschetten?"

Trina: „WOHER WEISST DU DAS?! Aber das ist noch nicht alles, es kommt noch schlimmer …"

Jen: „Jetzt sag aber bitte nicht, dass du eine Feinstrumpfhose mit Stützfunktion gekauft hast."

Trina: „Nein, aber ich habe einen kurzen Hosenrock in der Hand. Weißt du, so ein Ding, das aussieht wie ein Rock aber eigentlich eine Shorts ist."

Jen: (Keuchend) „Jetzt hör mir bitte ganz genau zu. Leg das Ding wieder hin und sieh zu, dass du da rauskommst. SCHNELL WEG DA und auf direktem Weg zum nächsten Ausgang!"

Trina: „Aber das ist doch so ein bequemes Teil."

Jen: „Schluss jetzt!! Du machst einem ja richtig Angst! Mit einem Hosenrock fängt es immer an, und eh man sich's versieht, trägt man Tena Lady und isst um 16:00 Uhr zu Abend. Und das ist dann der Anfang vom Ende. Ich komme sofort. Bleib einfach in der Umkleide sitzen und warte auf mich."

Ich fand sie dann in dem Kaufhaus in der Abteilung *Mode für die reife Frau* und konnte sie gerade noch rechtzeitig dort herausbugsieren, bevor es zum Äußersten kam.

Jen: (freundlich aber bestimmt) „Was ist denn los?"

Trina: „Ich weiß auch nicht. Ich war plötzlich so verwirrt. (Jammernd) So durcheinander! Es gab einfach zu viele Ensembles, von denen ich mich richtig umzingelt fühlte! Gestickte Schmetterlinge und Cardigans so weit das Auge reichte!"

Jen: „Mensch, Trina, du musst ja furchtbare Angst gehabt haben!"

Trina: „Lass mich bitte nie wieder allein Shoppen gehen. Ich erlebe bei diesem wahnsinnigen Angebot eine absolute Reizüberflutung, und irgendwann habe ich dann das Gefühl, dass ich mich anziehen muss wie meine Mutter."

Jen: „Sprich mir nach: ‚Klare Linien, einfarbig, keine Muster, Basics. SCHLICHT!' Wenn du mal Glitzer brauchst, dann muss das auf die Accessoires beschränkt bleiben. Verstanden?"

Trina: „Das wird jetzt in unserer Freundschaft unter der Rubrik *urkomisch* gespeichert, oder? Und du wirst darüber schreiben, stimmt's?"

Jen: (tätschelt Trina behutsam die Schulter) „Ja, klar, werde ich das."

Auch als Mutter ist man manchmal durch Reizüberflutung überfordert. Man wird leicht von Sorgen, Schuldgefühlen, Ängsten, dem täglichen Zeit- und Terminplan und vielem mehr abgelenkt. Das Leben ist eine lange Reise, Mädels, und deshalb gibt Jesus uns ein paar Tipps mit auf den Weg: „Halte es so einfach wie möglich und reise mit leichtem Gepäck."

Während wir dazu neigen, immer mehr Kram anzuhäufen, verfolgt Jesus genau den entgegengesetzten Ansatz. Er sagt: „Glücklich sind, die ein reines Herz haben, denn sie werden Gott sehen" (Matthäus 5,8).

Das Wort *rein* heißt im griechischen Originaltext *katharos*. Es kommt im gesamten Neuen Testament 22-mal vor und hat drei ganz eigene, aber miteinander verwandte Bedeutungen, die sich alle unter dem Oberbegriff *sauber* zusammenfassen lassen. Ich höre, wie Jesus uns eindringlich auffordert, ja anfleht, *frei zu sein*.

Katharos: Moralisch sauber; frei von verdorbenen Wünschen und Sehnsüchten, von Sünde und von Schuldgefühlen. Haben Sie den letzten Teil verstanden? Frei von Schuldgefühlen.

Ist es möglich, dass man zwar von Sünde befreit und gereinigt ist, aber trotzdem immer noch Schuldgefühle mit sich herumschleppt?

Natürlich ist das möglich, und es passiert ständig. Haben Sie Gott schon einmal gebeten, Ihnen etwas zu vergeben, das er Ihnen bereits einmal oder sogar schon öfter vergeben hat? Ja klar, haben Sie das. Und wenn Sie immer wieder an einen bestimmten Fehler oder ein Fehlverhalten erinnert werden, dann sind das Schuldgefühle, die Ihnen da etwas einreden wollen. Weil uns der Widersacher die Vergebung durch einen heiligen Gott nicht absprechen oder gar nehmen kann, versucht er, uns die Freiheit zu vermiesen, die wir eigentlich durch die Vergebung bekommen. Schuldgefühle haben wir, wenn der Feind versucht, uns herunterzuziehen und kleinzumachen durch Lügen wie:

„Wenn die anderen wüssten, wie du wirklich bist …"

„Du änderst dich nie."

„Niemand hat so zu kämpfen wie du."

„Du bist eine Versagerin."

„Gott hat dir ja vielleicht vergeben, aber er ist immer noch enttäuscht von dir."

Und an dieser Stelle kommt Jesus ins Spiel. Er hat nämlich unsere Sünde mitsamt den hässlichen, immer noch vorhandenen Schuldgefühlen mit ans Kreuz genommen und sie durch seine Auferstehung besiegt.

Sehen Sie, wie seine Reinheit – sein *Katharos* – aussieht? Sie ist nicht nur unbefleckt von Sünde, sondern auch von Schuldgefühlen. Jesus drückt uns fest an sich und sagt: „Dir ist vergeben. Du bist ganz und gar rein."

Was wollen wir denn noch mehr? Wir können unsere Schuldgefühle ein Leben lang mit uns herumschleppen, auf unserem Weg immer langsamer werden, unsere Beziehungen ruinieren und als Mütter wie besiegt unseren Alltag absolvieren. Aber das muss nicht so sein, denn wir haben eine Wahl. Jesus fordert uns auf, unsere Schuldgefühle ganz und gar abzulegen, und er begründet das mit den Worten: „Wenn Gott etwas für rein erklärt hat, dann nenne du es nicht unrein" (Apostelgeschichte 10,15).

- Welche Schuldgefühle schleppen Sie auf Ihrem Weg durchs Leben immer noch mit sich herum?

- Was hält Sie davon ab, sie abzulegen und hinter sich zu lassen? Sind Sie dazu bereit?

Raus aus dem Schlendergang

Machen Sie sich heute los von Ihren Schuldgefühlen. Bitten Sie Gott, Sie davon zu befreien, und glauben Sie ihm, wenn er sagt: „Du bist frei!"

21

Eiersalatsandwich-Macke und Wut am Steuer

Ich habe ein paar Wesenszüge, die genetisch festgelegt sind. So gibt es beispielsweise in meiner gesamten Ursprungsfamilie nur zwei Lautstärken: Geräuschlos (schlafend) oder laut. Außerdem haben wir ausnahmslos alle eine beeindruckende Fähigkeit zur Melodramatik, die ebenfalls genetisch ist. Von meinem Vater haben wir etwas Zwanghaftes – nichts im Sinne von Reinlichkeits-, Ordnungs- oder Waschzwang sondern eher folgendermaßen: Wenn mir der Gedanke *Eiersalatsandwich* in den Sinn kommt, dann *muss ich innerhalb der nächsten dreißig Minuten eins haben.* Und jetzt sagen Sie bloß nicht, dass das keine waschechte Macke ist.

Für andere Eigenschaften oder Verhaltensweisen, die ich habe, mache ich nicht meine DNA verantwortlich, sondern übernehme persönlich die volle Verantwortung. Ich habe da beispielsweise so ein klitzekleines Problemchen namens *Alle-anderen-Autofahrer-sind-blöd*, das sich in einer ziemlich aggressiven Fahrweise äußert. Darauf bin ich wirklich nicht stolz und ich stelle mich diesem Problem. Zu allem Überfluss habe ich außerdem auch noch ein ziemlich freches Mundwerk. Ich habe wirklich die besten Absichten, immer freundlich und höflich zu sein, aber dann werde ich doch wieder sauer. Und manchmal, wenn ich eine ganz besonders tolle Mutter sein will, lasse ich das bisschen Geduld, das ich ohnehin nur habe, auch noch aus Versehen sinnlos verpuffen, und am Ende weinen dann mehrere Personen. Das alles ist typisch für mich und ein kleiner Querschnitt dessen, was mein Mann als meine *Problemzonen* bezeichnet.

Bei alldem müssen wir alle sicher auch einige Umweltfaktoren berücksichtigen, nämlich die, in die wir hineingeboren wurden. Das sind die Faktoren, die uns ganz am Anfang unseres Lebens geprägt haben, und die sich unter *so ist es eben* zusammenfassen lassen. Sie sind uns von der Kultur vermittelt worden, in der wir leben, durch unser Elternhaus und durch ganz persönliche Erfahrungen. So ist eine ganz bestimmte Realität entstanden, und wir haben eine ganz bestimmte Identität angenommen, um mit dieser Realität fertigzuwerden. Für unsere Rolle als Mütter heißt das vielleicht, dass wir folgende Leitsätze immer noch als *selbstverständlich* betrachten:

- Aussehen ist alles.

- Nie über emotionale Dinge sprechen.

- Nie zugeben, wenn du dich irrst.

- Kinder soll man sehen, aber nicht hören.

Da schleppten die Schriftgelehrten und Pharisäer eine Frau heran, die beim Ehebruch überrascht worden war. Sie stellten sie in die Mitte, wo sie von allen gesehen werden konnte, und sagten zu Jesus: „Lehrer, diese Frau wurde auf frischer Tat beim Ehebruch ertappt. Im Gesetz hat Mose uns befohlen, eine solche Frau zu steinigen. Was meinst du dazu?"
Sie fragten dies, um Jesus auf die Probe zu stellen.

JOHANNES 8,3–6

Es war damals offenbar wirklich kein Zuckerschlecken, eine Frau zu sein. Wenn ich diesen Bericht in der Bibel lese, frage ich mich immer, wo wohl der Mittäter bei dem Vergehen war, während sie verhört wurde. Wo waren *seine* Ankläger? Auf jeden Fall legte die jüdische Kultur die Last der Schuld auf die Schultern dieser Frau. Frauen wurden oft für die Sünden von Männern verantwortlich gemacht. Während Männer ihre Frauen praktisch aus beliebigen Gründen *entlassen* konnten (zum Beispiel, wenn sie das Essen anbrennen ließen – das stimmt wirklich), gab es für Frauen nicht das Recht, sich scheiden zu lassen. Frauen wurden in der Öffentlichkeit nicht beachtet, und Männer sprachen in der Öffentlichkeit nicht mit Frauen, nicht einmal mit ihren Ehefrauen (wie reizend!).

Für die Frauen damals war es schwer, sich unter diesen kulturellen Bedingungen zu behaupten. Aber auch heute gibt es noch Frauen, die so etwas kennen, weil sie in einem rückständigen Umfeld und mit einer Doppelmoral aufgewachsen sind. Weil ihnen Heuchelei, Vorurteile, Hass, Unterdrückung oder Minderwertigkeitsgefühle vermittelt wurden, Grundüberzeugungen, aus denen sich dann oft schädliche Gewohnheiten und Einstellungen entwickeln. Oft ist es lebenslange Arbeit, das alles wieder loszuwerden.

Doch da ist noch etwas, das wir bedenken, und womit wir uns auseinandersetzen müssen, wenn wir Jesus immer ähnlicher werden wollen: unsere Pseudoidentität, die wir durch unsere eigene Sünde aufgebaut haben. Es ist wichtig, das zu benennen und einzugestehen.

> *Aber Jesus bückte sich nieder und schrieb mit dem Finger auf die Erde.*
> *Als sie ihn nun beharrlich so fragten, richtete er sich auf und sprach zu ihnen: „Wer unter euch ohne Sünde ist, der werfe den ersten Stein auf sie."*
> *Und er bückte sich wieder und schrieb auf die Erde. Als sie das hörten, gingen sie hinaus, einer nach dem andern.*
> JOHANNES 8,6–9

Interessant an dieser Situation ist, dass Jesus unter den Anwesenden die einzige Person ohne Sünde ist und damit der Einzige gewesen wäre, der einen Stein hätte werfen können. Doch das tut er nicht. Statt diese Frau zu steinigen, verteidigt er sie. Er entscheidet sich für Barmherzigkeit. Hören Sie gut zu, meine Lieben: Obwohl er die moralische Berechtigung gehabt hätte zu bestrafen, tut er es nicht. Die Sprache der Liebe Jesu ist Gnade; und das ist eine Tatsache, der wir als gescheiterte Menschen ganz besonders Beachtung schenken sollten.

> *Da richtete Jesus sich auf und sprach zu ihr: „Wo sind sie, Frau? Hat dich niemand verdammt?"*
> *Sie aber sprach: „Niemand, Herr."*
> *Jesus aber sprach: „So verdamme ich dich auch nicht; geh hin und sündige hinfort nicht mehr."*
>
> JOHANNES 8,10–11

Gehen Sie und kehren Sie Ihrem sündigen Leben den Rücken.

Sosehr sich die Sünde in Ihrem Leben und Ihrer ganzen Identität auch breitgemacht und von Ihnen Besitz ergriffen haben mag, Sie können frei werden. Sie sind nicht gebunden an das Bild, das Sie von sich selbst erschaffen haben. Sie müssen nicht weiterhin dieser Mensch sein, nur, weil Sie jeder so kennt. Jesus schaut uns nicht verurteilend an. Als er auf diese Welt kam, wusste er, dass wir voller Sünde sind. Deshalb ist es für ihn weder eine Überraschung noch schockiert oder erschreckt es ihn. Er ist gekommen, um uns zu befreien.

Er ist gekommen, um *Sie* zu befreien.

Er schaut tief in Ihr Inneres hinein und sieht viel mehr als die Menschen in Ihrem Umfeld, die ja nur Ihre Oberfläche sehen. Er kennt Ihre ganze Geschichte und weiß um die Enttäuschungen, die Sie bereits erlebt haben. Er sieht Ihre Zukunft, weiß um Ihre Möglichkeiten, und das Wichtigste: Jesus schaut in Ihr Herz und zwar durch alle Schutzschichten hindurch. Und er liebt Sie mit einer Innigkeit und Intensität, die Sie niemals ganz und gar begreifen werden.

Wenn Jesus uns unsere sündige Identität abstreift, dann ist das nie beschämend. Dann kommt der freigelegte Kern unserer Seele zum Vorschein, und Jesus kann uns neu mit Vergebung, Gottesfurcht und Ehre kleiden. Wenn eine Frau ihre Sünde bekennt und sich ihr stellt, dann verdammt Jesus sie nicht.

Lassen Sie uns als Frauen und Mütter den Mut haben, vor Jesus absolut offen zu sein. Lassen Sie uns Frauen sein, die sich ihrem Versagen stellen und ihre Fehler zugeben. Lassen Sie uns den Mut haben, unseren Müll zu bekennen, ohne die Schuld auf unsere Väter, Mütter, unsere Kindheit oder unsere Kultur zu schieben. Wir wollen das Fehlverhalten anderer oder die Sünden, die an uns begangen wurden, nicht rechtfertigen, aber wir wollen unsere Reaktionen darauf, die Gewohnheiten und Neigungen, die sich daraus entwickelt haben, auch nicht verharmlosen oder abtun, sondern sie eingestehen.

Die Freiheit, die dadurch entsteht, ist jeden Moment der schmerzlichen Wahrheit wert.

Welches ist die ungesündeste Gewohnheit oder Sichtweise, die Sie als Altlast aus Ihrer Kindheit mitgenommen haben?

Was müssen Sie heute offen bekennen? Was ruiniert Ihre Beziehungen und raubt Ihnen die Freude?

Raus aus dem Schlendergang

Wenn es jemanden gibt, den Sie anrufen, oder bei dem Sie sich entschuldigen müssen, um diesen Prozess der Befreiung in Gang zu setzen, dann tun Sie es. Ich verspreche Ihnen, dass Sie es nicht bereuen werden.

22

Meine abhandengekommene innere Heilige

Das Maß an Gnade, das eine Ehe erfordert, ist unermesslich.

Neulich sprachen Brandon und ich über die Schnellwahl an unseren Handys. Ich behauptete, dass nach dem weltweit gültigen Gesetz der Schnellwahl immer die Mailbox an erster Stelle stehen muss, aber dass natürlich er, Brandon, die Nummer zwei sei, gefolgt von einer langen Liste von Freundinnen. Offenbar spiegelt die Reihenfolge der Einträge im Schnellwahlverzeichnis des Handys die Priorität der Beziehungen wider, sodass Brandon demnach in der Rangordnung meines Herzens ganz oben steht.

In dem Moment, als ich das sagte, bemerkte ich, dass seine Miene irgendwie verschlossen wurde.

„Wie ist denn deine Reihenfolge im Schnellwahlverzeichnis?", fragte ich, ganz das Unschuldslamm, das ich nun mal bin, und war so naiv anzunehmen, dass ich in seiner Rangordnung natürlich genauso weit oben stand wie er in meiner. Schließlich habe ich seine Kinder geboren, und es war stets ein absolutes Vergnügen, die vergangenen fünfzehn Jahre mit mir zusammenzuleben.

Doch mit dieser Frage nahm ein eigentlich völlig sinnloses Gespräch seinen Lauf.

Brandon sagte: „Also, es war schon so, dass ich mir überlegt hatte, dich an die erste Stelle zu setzen, klar. Doch dann habe ich Tray (das ist sein bester Freund) an die erste Stelle gesetzt, gefolgt von noch ein paar von meinen Jungs. Als ich dann bei Nummer fünf angelangt war, erschien mir das als keine Zahl, die meiner schönen Frau würdig gewesen wäre. Also habe ich noch einen von den Jungs dazwischengeschoben und dich dann an die siebte Stelle gesetzt. Das ist die Zahl Gottes. Die Zahl der Vollkommenheit. Damit ehre ich dich."

Ich starrte ihn völlig fassungslos an und versuchte, mit meiner inneren Heiligen Kontakt aufzunehmen, aber sie war mir – wie so oft – irgendwie abhandengekommen.

„Willst du damit etwa sagen, dass ich in deiner Schnellwahlliste erst an siebter Stelle stehe, und sechs deiner Freunde vor deiner Frau rangieren? Glaubst du auch nur eine Sekunde lang, ich nehme dir ab, dass du vorgehabt hast, mich an die erste Stelle zu setzen? Für wie blöd hältst du mich eigentlich? Hey Kinder, wisst ihr was? Papa ist in meinem Herzen die Nummer eins, und hier kommt eine gute Nachricht! Mama ist bei Papa gerade noch auf Nummer sieben gerutscht. Sie hat es grade noch vor den Versicherungsvertreter geschafft!"

An dieser Sache mit der Gnade muss ich also wirklich noch arbeiten.

Ach ja, wir waren ja beim Thema Ehe. Die Art, wie wir miteinander umgehen und die Qualität unserer Beziehung hat unendlich viel mehr Einfluss auf unsere Kinder als die Schulen, auf die wir sie schicken, die Sportarten und Aktivitäten, für die wir sie anmelden, und die Gemeinde, in die wir mit ihnen gehen. Unsere Kinder lernen durch Osmose, wie man Beziehungen lebt, und rein statistisch ist die Wahrscheinlichkeit groß, dass sie das nachahmen, was sie zu Hause mitbekommen haben.

Grant ist in unserer Gemeinde groß geworden. Er ist der typisch privilegierte amerikanische junge Erwachsene: begabt, klug, sportlich, lustig. Also, er hatte wirklich alles, was man sich nur wünschen kann. Seine Eltern brachten sich als Mitarbeiter in vielen Bereichen der Gemeinde ein und die ganze Familie spielte dort eine wichtige Rolle.

Nach seinem Schulabschluss ging Grant aufs College, und nach einer Weile erfuhren wir, dass er dort auf die schiefe Bahn geraten war und mit Glauben und Jesus nichts mehr zu tun haben wollte. Wir waren darüber so erstaunt, dass mein Mann sich mit ihm in Verbindung setzte und fragte: „Was ist denn bloß los, Junge?“

Seine Antwort: „Ach, das ist doch alles nur Heuchelei. Meine tollen, perfekten Eltern, die sich vier Tage die Woche ehrenamtlich in der Gemeinde engagieren, sind dieselben Leute, die sich zu Hause jeden Tag so wüst beschimpfen, dass wir Kinder uns lieber aus dem Staub gemacht haben. In der Gemeinde sagten sie: ‚Gott segne dich', aber zu Hause ‚Ich hasse dich.' Mit so einem verlogenen Glauben will ich echt nichts mehr zu tun haben."

Als man Jesus beschuldigte, im Kampf von Gut gegen Böse auf der falschen Seite zu stehen, erklärte er:

> *Ein Staat, in dem verschiedene Herrscher um die Macht kämpfen, steht vor dem Untergang. Eine Stadt oder eine Familie, in der man ständig in Zank und Streit lebt, hat keinen Bestand.*
>
> MATTHÄUS 12,25

Für die meisten Familien sind nicht Angriffe von außen die größte Bedrohung, sondern sie bröckeln meistens von innen nach außen. So wie Bürgerkriege meist mehr Opfer fordern als ein Angriff von außen. Wenn Gott sagt, dass in einer Ehe zwei Menschen eins werden, dann bedeutet das doch auch, dass wir uns praktisch ins eigene Fleisch schneiden, wenn wir unseren Partner heruntermachen. Wenn ich auf die Würde meines Mannes eindresche, dann kann ich mir im Grunde genauso gut selbst einen Arm oder ein Bein abhacken. Deshalb tut Streiten ja auch so weh und verletzt so tief. Wenn ich meinen Mann verletze, dann schneide ich mir ins eigene Fleisch und setze damit gleichzeitig meinen eigenen Seelenfrieden aufs Spiel.

Und nicht zu vergessen, was so eine Atmosphäre und solche Vorbilder bei den Kindern anrichten können. Blind vor Egoismus merken wir nicht, wie sehr ihnen zerstrittene Eltern zusetzen. Das wird dann leicht abgetan mit Erklärungen wie:

„Sie verstehen doch noch gar nicht, was los ist."

„Sie sind doch noch viel zu klein."

„Sie verstehen doch gar nicht, was wir sagen."

Ein Haus, das in der Mitte einen Riss hat, stürzt irgendwann ein und begräbt alle unter sich, die darin Schutz gesucht haben.

Sie möchten Ihren Kindern eine Traummutter sein? Sie möchten ihnen Sicherheit, Gesundheit, Stabilität und Glück schenken? *Dann lieben Sie Ihren Mann.* Lieben Sie ihn so sehr, dass es schon fast peinlich ist. Küssen Sie ihn, umarmen Sie ihn, reden Sie mit Ihren Kindern über ihn, als würde ohne ihn Ihr Herz aufhören zu schlagen. Lassen Sie Probleme nicht schwelen, bis Sie explodieren und alle in Mitleidenschaft gezogen werden.

Sagen Sie Ihren Kindern, dass ihr Papa ein Held ist und sie wirklich Glück haben, ihn zum Papa zu haben. Seien Sie sein größter Fan. Das beste Geschenk, das Sie Ihren Kindern machen können, ist, verrückt nacheinander zu sein.

Lieben Sie einander, dann wird Ihr Haus fest und stabil stehen.

Wie benimmt sich Ihre innere Heilige
in letzter Zeit Ihrem Mann gegenüber?

Raus aus dem Schlendergang

Zeigen Sie heute Ihrem Mann Ihre Liebe mit Worten, und wenn Sie heute Ihre Kinder ins Bett bringen, sagen Sie ihnen, dass ihr Papa ein Held ist.

23

Schrott zu Weihnachten

Weihnachten 2006 war das Jahr, in dem ich die Erfahrung machte, dass fast alles, was für Kinder produziert wird, Schrott ist.

Und das war vor unserer Weihnachtsreform von 2008 (Seit damals gilt: Vier Geschenke für jeden, und zwar etwas, das man sich wünscht, etwas, das man braucht, etwas zum Anziehen und etwas zum Lesen). 2006 war ich noch voll drauf, und damit meine ich, dass ich meinen Kindern jede Menge Schrott kaufte, den sie nicht brauchten.

Schrott ist hier wirklich der treffende Begriff. Von der geradezu unanständig großen Menge von Geschenken, die wir gekauft hatten, gaben wir folgende zurück:

- Das *Planetarium*, das einen roten, zittrigen Punkt an die Wand projizierte. Wirklich traurig.

- Das Mikroskop, das Dinge, die man darunterlegte, um etwa zwei Prozent vergrößerte.

- Den MP3-Player, der beim Musikabspielen noch etwas schlimmer klang als ein Ferngespräch aus den Bergen Perus mit einem Walkie-Talkie.

- Achtung Überleitung: Das Walkie-Talkie, das jedes Mal, wenn die Kinder auf die „Sprechen"-Taste drückten, ein sekundenlanges hohes Fiepen absonderte und meinen Mann dazu brachte, eines der Geräte etwa fünfzig Meter weit in den Wald zu werfen.

- Den Junior Metalldetektor, der absolut gar nicht auf Metall welcher Art auch immer reagierte, dafür aber auf jeden Hundehaufen.

Dazu kamen dann noch mindestens sechs weitere defekte Spielzeuge.

Nachdem das fünfte oder sechste Spielzeug unmittelbar nach der Bescherung kaputtgegangen war, tätschelte Sydney mir meine hängenden Schultern und sagte: „Ist schon gut, Mama. Ist ja nicht deine Schuld, dass alles, was ihr gekauft habt, Ramsch ist."

Gerettet wurde meine Weihnachtsstimmung dann aber durch die überraschend positiven Reaktionen auf die kleinen *Beiwerkgeschenke* wie Socken mit Zehen oder eine Fünf-Dollar-Taschenlampe.

Ich wollte meinen Kindern ganz besonders tolle Geschenke machen. Ich wollte, dass sie merkten, wie sehr ich bei ihrer Auswahl ihre Persönlichkeit und ihre Hobbys und Interessen im

Blick gehabt hatte. Ich hoffte, sie würden sich geliebt und wahrgenommen fühlen, merken, dass jeder von ihnen für uns etwas ganz Besonderes war, und dass wir sie mit den Geschenken begeistern wollten.

Ich hatte den Wunsch, jedem einzelnen Kind zu vermitteln: „Ich wusste ganz genau, was du dir wünschst, und *es macht mir solche Freude*, es dir zu schenken." (Was ich aber tatsächlich vermittelte, war, dass ich eine ignorante Konsumentin war, die tatsächlich glaubte, dass ein Produkt auch gut funktioniert, wenn man gutes Geld dafür ausgibt. Was war ich doch für ein Depp.)

> *Denn wer bittet, der bekommt. Wer sucht, der findet. Und wer anklopft, dem wird geöffnet. Würde etwa jemand von euch seinem Kind einen Stein geben, wenn es um ein Stück Brot bittet? Oder eine Schlange, wenn es um einen Fisch bittet? Trotz all eurer Bosheit wisst ihr Menschen doch, was gut für eure Kinder ist, und gebt es ihnen. Wie viel mehr wird euer Vater im Himmel denen Gutes schenken, die ihn darum bitten!*
>
> MATTHÄUS 7,8–11

Ha! Ich liebe Jesus. Ich habe diesen Abschnitt so verstanden: „Wenn du – obwohl du dumm bist – weißt, wie du den Kindern *gute* Geschenke machen kannst (Achtung! Ironie), wie viel mehr wird Gott dann denen, die ihn darum bitten, *wirklich* gute Geschenke machen?!"

Kennen Sie diesen inneren Drang, die Kinder glücklich zu

machen, sie zu überraschen, ihnen etwas zu schenken, von dem man ganz sicher ist, dass sie es lieben werden? Ihnen einen Wunsch zu erfüllen, den sie schon lange immer und immer wieder geäußert haben? Multiplizieren Sie das mit mindestens hundert: So ist unser Gott.

Jesus sagt, dass Gott sich ganz genauso über uns freut, wenn er uns etwas schenkt wie wir uns als Eltern freuen, wenn unsere Kinder begeistert ein Geschenk auspacken, oder vor Begeisterung für etwas Bestimmtes völlig aus dem Häuschen sind. Aber während wir uns dazu hinreißen lassen, minderwertige Sachen zu kaufen, die schon in dem Moment, in dem sie ausgepackt werden, den Geist aufgeben, weiß Gott ganz genau, wie man *gute Gaben* schenkt, die halten und darüber hinaus grundlegend und wunderbar sind.

Was für ein großartiger Lehrer Jesus doch ist! Er appelliert an das Elterngefühl seiner Zuhörer. Würden Sie Ihrem Kind einen Stein geben, wenn es Sie um Brot bittet? Oder eine Schlange, wenn es um Fisch bittet? Einen Commodore 64, wenn es sich einen Atari gewünscht hat? (Mein Mann braucht bestimmt eine Therapie, weil ich das jetzt so oft gesagt habe.) Natürlich würden wir das nicht tun. Und warum nicht?

Weil wir es lieben, unsere Kinder zu lieben.

Kennen Sie nicht auch diese grenzenlose Liebe, die Sie empfinden, wenn Sie Ihre schlafenden kleinen Engel anschauen? Genau diese Liebe empfindet Gott auch für Sie. Oder wie wir vor Glück platzen könnten, wenn unsere Kinder lachen? Genauso fühlt Gott auch, wenn Sie sich freuen.

Es hat schließlich einen Grund, weshalb Gott über sich selbst am häufigsten als *Vater* spricht. Dieses Bild verwendet er öfter als alle anderen Bilder und Vergleiche. Wenn wir Gott als Vater sehen, dann können wir vielleicht die Unendlichkeit seiner Liebe, die Grenzenlosigkeit seiner Zuneigung und das Ausmaß seiner Gnade erahnen. Dann fangen wir vielleicht an zu begreifen, wie tief seine Liebe ist und wie unendlich seine Geduld. Wir bekommen eine Vorstellung davon, was er für uns als seine Töchter fühlt, wie ihm unsere Sicherheit am Herzen liegt, und wie sehr er sich wünscht, dass wir unsere Möglichkeiten voll ausschöpfen.

Wenn Sie um Geduld bitten, dann wird Gott Ihnen nicht Hartherzigkeit geben. Wenn Sie um Kraft bitten, dann brauchen Sie nicht damit zu rechnen, dass Sie nur noch mehr Müdigkeit bekommen. Und wenn Sie einmal um eine Extraportion Freundlichkeit bitten, dann gibt er Ihnen nicht stattdessen Ärger.

Sie sind seine geliebte und kostbare Tochter. Das Maß Ihrer Liebe zu Ihren Kindern ist im Vergleich der Liebe Gottes zu Ihnen nur ein Hauch.

> *Bittet Gott, und er wird euch geben! Sucht, und ihr werdet finden! Klopft an, und euch wird die Tür geöffnet.*
>
> MATTHÄUS 7,7

Wenn wir an Gott als unseren Vater denken, welche falsche Vorstellung von ihm verschwindet dann?

Raus aus dem Schleudergang

Worum wollen Sie Gott heute bitten? Er ist der freigiebigste Schenker.

24

MAHM

Müde angstvolle hysterische Mama

Als Brandon und ich eine Familie gründeten, war es mein Herzenswunsch, zu Hause bei den Kindern zu bleiben. Weil wir jedoch (Achtung! Ironie) mit meinem Lehrerinnengehalt und Brandons Gehalt als Jugendpastor geradezu unanständig viel Geld verdienten, konnte ich erst nach der Geburt des zweiten Kindes zu Hause bleiben. Und damit begann mein neues Leben mit einem Säugling und einem Zweijährigen – ganztags.

Da ich, wie gesagt, förmlich darum gebettelt hatte, zu Hause bleiben zu dürfen und deshalb sogar Tränen vergossen habe, glauben Sie jetzt vielleicht, dass ich irgendwie immun wäre gegen die *Schattenseiten* des Lebens als MAHM, aber das ist ein Irrtum. Ich war nicht vorbereitet auf die Erschöpfung, darauf, wie viel emotionale seelische Energie das Ganze kostete und wie erbarmungslos diese Belastung andauerte.

Als mich Brandon einmal fragte, wie mein Tag gewesen sei, schnauzte ich ihn an: „Mein Tag? Ich habe Grenzen gesetzt und den ganzen Tag für Disziplin gesorgt. Es war einfach fantastisch. Und deiner?"

Ich nahm die Situation so wahr, dass Brandon sich morgens auf den Weg zu seinem tollen Job machte, ständig in Restaurants essen ging, entspannt lachte und unbekümmert die Füße auf den Schreibtisch legte (Letzteres tut er nie, aber es passte so gut zu meiner Fantasiekulisse.) Er tat, was er wollte und wozu er Lust hatte, während ich bis zum Hals in vollen Windeln und Trotzanfällen steckte. In Rekordgeschwindigkeit rutschte ich in ein tiefes Loch aus Feindseligkeit und führte Buch über die Unmengen von Aufgaben, die ich bewältigte, ohne dass es überhaupt jemand merkte.

Einmal sagte ich zu Brandon: „Ist dir eigentlich klar, dass ich all diese Kinder praktisch am Leben halte? Wenn es mich nicht gäbe, dann wären sie ungeimpfte, verhungerte, kleine Anarchisten mit zu langen Zehen- und Fingernägeln und ungeschnittenen Haaren, die weder Geschenke bekämen noch eine Geburtstagsfeier!"

Ich bin sicher, er konnte es nach der Arbeit kaum erwarten, nach Hause zu kommen.

Und während ich mich noch in Selbstmitleid suhlte, brachte Brandon die Blase meiner Fantasie vom perfekten Leben zum Platzen, indem er sagte: „Und jetzt kommt meine Version der ganzen Sache. Während ich mit irgendwelchen Schwachköpfen in sinnlosen Sitzungen sitze, stelle ich mir vor, wie du den

Kindern beim Laufenlernen zuschauen kannst – was ich leider verpasse. Während ich Papierkram im Büro erledige, von unzufriedenen Eltern in die Mangel genommen werde und Rechnungen bezahle, würde ich gerne mit dir tauschen. Ich wäre befreit aus der Tretmühle des Berufes, könnte Zeit mit deinen Freundinnen verbringen und den Kindern vor dem Mittagsschlaf etwas vorsingen. Mein Beruf ist nicht das Picknick, das du dir offenbar vorstellst, aber ich tröste mich mit dem Gedanken, dass ich dadurch meinen Kindern das Geschenk mache, den ganzen Tag ihre Mutter um sich zu haben."

Pfffff (entwich die Luft aus der Blase).

> *Behandelt die Menschen stets so, wie ihr von ihnen behandelt werden möchtet. Denn das ist die Botschaft des Gesetzes und der Propheten.*
>
> MATTHÄUS 7,12

Ich verweigerte Brandon genau das, was ich mir von ihm wünschte, nämlich Respekt, Anerkennung und Dankbarkeit. Wenn ich den Wunsch hatte, dass er meine Bemühungen zu Hause wahrnahm und anerkannte, dann hätte ich sagen müssen: „Danke, dass du heute so schwer für uns gearbeitet hast." Wenn ich Anerkennung dafür wollte, dass ich allein mit drei Kindern beim Kinderarzt gewesen war, um sie impfen zu lassen, hätte ich vielleicht lieber sagen sollen: „Ich bin wirklich dankbar dafür, dass du das alles für unsere Familie tust."

Wir können von unseren Männern nicht erwarten, dass sie

uns wie Stars behandeln, wenn wir nicht bereit sind, sie ebenso zu behandeln.

Wir nehmen doch nicht an einem *Wer-arbeitet-am-schwersten-Wettbewerb* teil!

Unsere Arbeit ist *unterschiedlich.* Beide Aufgabenbereiche erfordern viel Kraft, sind sehr anstrengend, und jeder von uns braucht die Unterstützung des anderen. Wir sind ein Team. Unser Alltag ist kein Wettbewerb oder Krieg, sondern wir stehen beide auf derselben Seite.

Deshalb hat Brandon eine Zeit lang das Geld verdient und ich habe mich um die Kinder gekümmert. Natürlich hat er auch seine Aufgaben als Vater übernommen, aber er war an seinem Arbeitsplatz und ich an meinem – einem flexiblen Arbeitsplatz, zu dem auch Parks, Arztpraxen, unser Garten, mein Sessel im Spielzimmer, die Bibliothek, ein Fast-Food-Restaurant, das Schwimmbad, die Küche, die Häuser von Freundinnen und der Eiswagen gehörten.

Ich kann Ihnen also nur raten, noch einmal genau zu überlegen und gegebenenfalls Ihre Gedanken hinsichtlich des Berufs Ihres Mannes und die Energie, die er erfordert, zu überdenken und zu ändern. Er lehnt nicht gegen 11:00 Uhr vormittags einen Whiskey ab, damit er rechtzeitig um 12:00 Uhr auf dem Golfplatz sein kann. Auch er arbeitet schwer, damit Ihre Kleinen ein Dach über dem Kopf haben, und genug Geld für Babybrei da ist. Sie wissen, dass er seinen Kindern noch nie die Fingernägel geschnitten hat, aber Sie haben auch noch nie seine Spesenabrechnung ausgefüllt. Behandeln Sie ihn so, wie Sie gern behandelt werden möchten: mit Wertschätzung, Dankbarkeit und Anteilnahme.

- Macht Ihnen die Vorstellung Mühe, dass Ihr Mann scheinbar alle Freiheit hat, während Sie im *Babyknast* sitzen? Was empfinden Sie dabei?

- Können Sie den Arbeitstag von heute noch einmal realistisch betrachten?

Raus aus dem Schlendergang

Ein guter erster Schritt wäre mehr Wertschätzung für das, was Ihr Mann tut. Versuchen Sie es einmal, wenn er nach Hause kommt.

25

Baby Couture

Niemand hatte mich darüber informiert, dass ich unmittelbar nach der Geburt des ersten Kindes in einen Konsumstrudel geraten würde. Und ich wurde auch von niemandem vorgewarnt, dass ich mir durch die Geburt einer Tochter ein Erste-Klasse-Ticket für den *Babylaufsteg* sichern würde. Ich war ein Unschuldslamm, hatte noch nie von Marken wie *Petit Bateau*, *Cakewalk* und *DKNY kids* gehört. Und als ich das erste Mal den Begriff *Baby-Couture* hörte, musste ich so lachen, dass mir Diät-Cola aus der Nase lief. Designerbettwäsche für Babys, Wickeltaschen aus Seide und Schuhe der Extraklasse für Kinder, die noch kaum laufen können? Im Ernst? Hören Sie, wenn ich eine Lampe für 400 Dollar kaufe, damit sie zur handgefertigten Bettwäsche meines Babys passt und *der Raum dadurch stimmig ist*, dann gebe ich Ihnen hiermit die Erlaubnis, mir ganz fest gegen das Schienbein zu treten.

Was um Himmels willen soll denn so etwas? Und wie kann es so weit kommen? Wahrscheinlich durch schrittweise Steigerung.

Es beginnt vielleicht ganz harmlos mit einer Wickeltasche von *Lässig*, die Sie von Ihrer Tante geschenkt bekommen, und ZACK – eh Sie sich versehen, kaufen Sie ein 100-Euro-Outfit für Ihr Kleinkind, das es schon beim ersten Tragen völlig einsaut, weil die Windel ausläuft. Pampers haben eben auch ihre Grenzen, und zwar egal, ob sie unter einer 75 Euro Jeans von Tommy Hilfiger oder unter Lupilu-Shorts von Lidl für zwei Euro sitzen.

Sie wissen, dass Kindern im noch nicht schulpflichtigen Alter Markennamen und Designermode völlig schnuppe sind. Wahrscheinlich sind sie sogar eher scharf auf die billigen, hochbrennbaren Prinzessinnenkleidchen aus dem Discounter, die sie dann auch noch unbedingt in aller Öffentlichkeit tragen wollen. Hier sind wir als Mamas herausgefordert. Wenn wir fast zwanghaft zu viel Geld für Kinderkleidung ausgeben, die unseren Kindern ungefähr drei Sekunden lang passt, dann sind wir irgendwie entgleist. Wenn wir beim Einkleiden unserer Kinder immer darauf achten, ob wir auch mit den Leuten aus der Nachbarschaft mithalten können, setzt das einen Teufelskreis in Gang, aus dem wir nur schwer oder gar nicht wieder herauskommen.

Unmittelbar nachdem Jesus das Gleichnis von dem Mann erzählt, der seine Ernten hortet, sagt er zu seinen Jüngern:

> *Deshalb sage ich euch: Macht euch keine Sorgen um euren Lebensunterhalt, um Essen und Kleidung. Leben bedeutet mehr als Essen und Trinken, und der Mensch ist wichtiger als seine Kleidung.*
>
> LUKAS 12,22–23

Den Dingen der Welt hinterherzujagen ist eines Nachfolgers Jesu nicht würdig. Je mehr wir uns die Schönheit wünschen, die ein Leben mit Gott mit sich bringt, desto geringer wird unser Hunger nach dem Luxus dieser Welt. Das sagt man nur ungern, und man hört es auch nicht gern, aber es stimmt trotzdem. Nicht ohne Grund sagt Jesus: „Eher geht ein Kamel durch ein Nadelöhr, als dass ein Reicher in Gottes Reich kommt“ (Matthäus 19,24).

Je mehr wir haben, desto mehr brauchen wir. Je mehr wir anhäufen, desto wichtiger wird es uns. Jesus sagt: „Wo nämlich euer Schatz ist, da wird auch euer Herz sein.“

Ich habe immer gesagt: „Es kommt nicht darauf an, wie viel man hat, sondern was man damit macht.“ Inzwischen bin ich mir da nicht mehr so sicher. Denn wir besitzen ja immer noch all das, was wir einmal gekauft haben, und wir haben es gekauft, weil es uns ein Bedürfnis war, und das ist ein inneres Problem.

Sinngemäß sagt Jesus doch: „Zeige mir, wofür jemand sein Geld ausgibt, und ich sage dir, was ihm wichtig ist.“ Was vermitteln wir denn unseren Kindern, wenn wir verantwortungslos hohe Summen für Kleidung, Kinderzimmer, Spielzeug und Aktivitäten ausgeben? Was wird ihnen dann wohl wichtig sein? Wir untergraben dadurch jedenfalls unsere eigenen Prioritäten!

Ich beginne diesen Herbst mit einem neuen Buchprojekt/Experiment, bei dem ich unter anderem einen Monat lang jeden Tag sieben Dinge aus unserem Haus weggebe. Und wissen Sie was? Das wird gar nicht schwer werden. Bei unseren fünf Kleiderschränken und den vielen Spielekisten wird das kaum auffallen, und ich finde das schon fast abstoßend. Wenn ich überlege, wie viel Geld wir für Luxus ausgeben, für Dinge, die wir wirklich nicht brauchen, dann macht mich das richtig fertig. Mich macht fertig, wie ungerecht die Ressourcen verteilt sind, und dass der größte Teil der Welt hungrig, nackt und arm dasteht. Und es macht mich auch fertig, bei mir zu Hause die Beweise der eigenen Gier zu sehen. Wenn Jesus zu mir nach Hause käme, dann könnte er ganz schnell erkennen, was mir tatsächlich wichtig ist.

Es ist schon erschreckend, mit dem eigenen Konsumverhalten konfrontiert zu werden, aber ich habe auch Angst vor dem, was ich ändern muss.

> *Du brauchst keine Angst zu haben, du kleine Herde! Denn der Vater hat beschlossen, dir sein Königreich zu schenken.*
> *Verkauft euren Besitz und gebt das Geld den Armen! Sammelt euch auf diese Weise einen Vorrat, der nicht alt wird und niemals zu Ende geht – einen Schatz im Himmel. Diesen Schatz kann kein Dieb stehlen und keine Motte zerfressen.*
>
> LUKAS 12,32–33

Es gefällt Gott, uns sein Reich zu schenken, und damit meine ich eine Einstellung, die nicht an materiellem Besitz festhält, sondern ihn loslassen kann. Das Reich Gottes befreit uns aus dem Gefängnis des Materialismus, weil es seinen Reichtum im Teilen und Verschenken findet. Es ist frei von der Falle des

Mithaltenmüssens und gerät nie in Gefahr, alles zu verlieren. Das Reich Gottes ermöglicht es uns, unsere Zeit, unser Geld und unsere Kraft für ewige, unerschöpfliche Schätze einzusetzen, die immun sind gegen Wirtschaftskrisen und Gier.

Zu so einem Reich möchte ich gehören und Kinder erziehen, die ebenfalls dorthin gehören.

Bitte, Herr, rette mich vor mir selbst.

Stecken Sie im Konsumstrudel für Ihre Kinder fest?
Was ist Ihr Motiv dafür, Geld so auszugeben,
wie Sie es tun?

Raus aus dem Schlendergang

Gehen Sie die Kleidung und das Spielzeug Ihrer Kinder durch und sortieren Sie aus, was nicht mehr gebraucht wird. Es ist Zeit, mit anderen zu teilen.

26

Mama mit einer Mission

Als meine Tochter vier war, hatte sie zum ersten Mal einen epileptischen Anfall. Für den Fall, dass Sie noch nie mit Epilepsie zu tun hatten, kann ich Ihnen nur sagen, dass solche Anfälle extrem beängstigend sind. Es ist grauenhaft mit anzusehen, wie sich das Gesicht des eigenen Kindes verzerrt, die Gliedmaßen zucken, die Körperfunktionen außer Kraft gesetzt sind, der Atem schwer wird – es ist unbeschreiblich.

Die Nacht nach dem ersten Anfall verbrachten wir in der Notaufnahme. Es wurden Blutuntersuchungen durchgeführt, ein MRT, eine Rückenmarkspunktion und ein EEG – es war jedenfalls eine Nacht, die ich am liebsten vergessen würde. Als wir endlich wieder zu Hause waren, brachten wir Sydney ins Bett, und ihr Papa schlief neben ihr auf dem Boden auf einer Matratze, weil er sie nicht alleine lassen wollte. Als ich schließlich auch ins Bett fiel, war ich völlig am Ende. Meine letzten Mut- und Kraftreserven waren aufgebraucht und meine Angst um Sydney verzehrte mich förmlich.

War es Krebs? Ein Tumor, der auf das Gehirn drückte? Wieso um Himmels willen hatte ein vollkommen gesundes vierjähriges Kind plötzlich Krampfanfälle?

Verzweifelt wandte ich mich an Gott und betete für meine Kleine. Und ich betete weiter und weiter und hörte nicht auf, bis sich die Krampfanfälle nach ein paar Jahren von selbst auswuchsen.

Manche von Ihnen haben sicher Kinder mit Problemen – körperlichen, seelischen, geistlichen oder sozialen. Sie wünschen sich so dringend Heilung und machen sich unsägliche Sorgen. Sie haben schon alles probiert, sind überall gewesen, wo Sie sich Rat und Hilfe erhofft haben und haben nichts unversucht gelassen, Ihrem Kind irgendwie zu helfen.

> *Danach brach Jesus auf und zog sich in das Gebiet der Städte Tyrus und Sidon zurück. Dort begegnete ihm eine kanaanitische Frau, die in der Nähe wohnte. Laut flehte sie ihn an: „Herr, du Sohn Davids, hab Erbarmen mit mir! Meine Tochter wird von einem bösen Geist furchtbar gequält."*
>
> MATTHÄUS 15,21–22

Eine Mutter, die Jesus anfleht, etwas für ihr Kind zu tun, ist wahrlich nichts Neues. Weil Gott es so eingerichtet hat, dass Kinder Mütter haben, sind wir Mütter nun mal ihre ersten Fürsprecher und unerschütterlichsten Verfechter. Wenn nötig, nehmen wir die gesamte Schulbehörde auseinander, um dort Hilfe zu bekommen. Wir tätigen 32 Anrufe, bis wir die zuständige oder die engagierteste Person endlich an der Strippe haben. Wir liegen Lehrern, Ärzten und Trainern so lange in den Ohren, bis sie uns endlich Gehör schenken. (Und Gott helfe ihnen, wenn sie meinen, wir würden irgendwann aufgeben und von selbst wieder verschwinden.)

Ich rate jedem davon ab, es sich mit einer *Mama mit einer Mission* zu verderben. Das kann nur äußerst unangenehme Folgen haben.

> *Aber Jesus gab ihr keine Antwort. Seine Jünger drängten ihn: „Erfüll doch ihre Bitte! Sie schreit sonst dauernd hinter uns her."*
>
> MATTHÄUS 15,23

Jetzt sorgt gefälligst dafür, dass die Frau endlich still ist, um Himmels willen! Die Mutter in der Geschichte hat wirklich eine Mission; sie brüllt Jesus über die ganze Menschenmenge hinweg schamlos und aggressiv an, und lässt sich auch dadurch nicht abschrecken, dass Jesus nicht reagiert. Es sieht nicht so aus, als ob sie aufgeben wird, nur, weil sie zweimal fragen muss.

Von ihr können wir Mütter wirklich etwas lernen: Manchmal ist es ja so, dass wir verzweifelt die Arme hochreißen und behaupten, *wir werden übergangen*, wenn wir nicht innerhalb von 1,3 Sekunden eine Antwort bekommen. Wir geben zu schnell auf, werfen das Handtuch und sind sicher, dass Jesus unmöglich ist. Aber das hervorstechende Merkmal eines Fürsprechers ist Hartnäckigkeit; wir bleiben so lange am Ball, bis wir etwas von unserem Erlöser bekommen.

> *Jesus entgegnete: „Ich habe nur den Auftrag, den Menschen aus dem Volk Israel zu helfen. Sie sind wie Schafe, die ohne ihren Hirten verloren umherirren."*
> *Die Frau aber kam noch näher, warf sich vor ihm nieder und bettelte: „Herr, hilf mir!"*
> *Jesus antwortete wieder: „Es ist nicht richtig, den Kindern das Brot wegzunehmen und es den Hunden hinzuwerfen."*
>
> MATTHÄUS 15,24–26

Das klingt jetzt aber richtig gemein. Da ist eine verzweifelte Frau, die für ihre Tochter eintritt, und er reagiert mit Vorurteilen und Schroffheit, die an Beleidigung grenzt. Wie sollen wir das verstehen? Die Frau ist eine Kanaaniterin und damit traditionsgemäß nicht offen für Gott. Nur sehr wenige Kanaaniter glaubten an Jesus und noch weniger folgten ihm nach.

Der Fairness halber sei aber gesagt, dass Jesus auch bei den Juden heftig hinterfragte, ob sie es wirklich ernst meinten.

„Hey Jesus, kann ich noch meinen Vater begraben, bevor ich dir nachfolge?" „Nee, geht nicht. Lass die Toten ihre Toten begraben."

„Ey Jesus, deine Mutter und deine Brüder sind draußen und möchten mit dir reden." „Meine Mutter und meine Brüder sind diejenigen, die den Willen meines Vaters tun." (Autsch.)

„Was muss ich tun, um ewiges Leben zu bekommen, Jesus?" „Verkaufe alles, was du hast und gib es den Armen. Danach können wir weiterreden."

Jesus war kein Kuscheltyp, wie man vielleicht glauben könnte. Die Nachfolge hat schon immer einen hohen Preis gehabt, und das hat Jesus auch nie heruntergespielt. Ich glaube, dass Jesus im Falle dieser Mutter, die vor Kummer und Sorge völlig außer sich ist, ihre Absichten hinterfragen und ihre Motive prüfen will. Interessiert sie sich für diesen fremden Rabbi nur wegen des Rufes, der ihm vorauseilt? Will sie ihn nur benutzen? Wie reagiert sie, wenn sie durch das Gespräch in die Enge getrieben oder kritisch hinterfragt wird?

Und sie sagt: „Ja, Herr, und doch bekommen die Hunde die Krümel, die vom Tisch ihrer Herren herunterfallen" (Matthäus 15,27). Wirklich clever. Sie nimmt diesen Affront hin und räumt ihre Position als Außenseiterin ein. Die Frau ist wirklich hartnäckig. Einmal, zweimal, dreimal bekommt sie eine Abfuhr, gibt aber trotz allem nicht auf.

Jesus prüft den Glauben derer, die ihm nachfolgen, damit dieser Glaube stärker und belastbarer wird. Bei ihm gibt es keine billige Gnade. Der Preis ist hoch, aber er zahlt sich unendlich aus.

Hast du das gehört, liebe betende Mama? Jesus lässt sich nicht instrumentalisieren und er ist auch nicht von gestern. Er bringt unsere innersten Motive ans Licht. Ist unser Glaube echt, oder hoffen wir einfach auf einen Glücksfall? Ist Jesus unser Erlöser oder nur eine von vielen Optionen? Diese liebevolle Strenge von Jesus ist oft seine Methode, um herauszufinden, was die vielen Menschen, die ihn um Hilfe bitten, wirklich wollen.

> *Da sagte Jesus zu ihr: „Dein Glaube ist groß! Was du willst, soll geschehen." Im selben Augenblick wurde ihre Tochter gesund.*
>
> MATTHÄUS 15,28

Und diese Mutter überzeugt ihn tatsächlich! Er widersteht ihr, aber sie bleibt hartnäckig. Er macht Druck, sie hält dagegen. Ich glaube nicht, dass Jesus hier gemein war, sondern einfach gründlich. Spenden Sie für jeden wohltätigen Zweck, der an Sie herangetragen wird? Investieren Sie in jede Gelegenheit, die Ihnen präsentiert wird? Natürlich nicht. Sie stellen Fragen, um herauszufinden, worum genau es sich handelt, und zwar so lange, bis Ihre Fragen beantwortet und mögliche Bedenken zerstreut sind.

Sie beten für Ihr Kind? Machen Sie weiter. Bleiben Sie am Ball. Hartnäckig. Halten Sie sich an Jesus, auch dann, wenn Ihnen seine Reaktionen rätselhaft oder zu spät vorkommen. Klammern Sie sich an ihm fest und sagen Sie ihm, dass Sie sich keinen Millimeter wegbewegen. Lassen Sie sich nicht beirren und beantworten Sie einfach die Fragen, die er Ihnen stellt. Begreifen Sie, dass sein Timing manchmal damit zu tun hat, dass er Ihre Herzenshaltung prüfen will, und bleiben Sie standhaft. Machen Sie weiter und geben Sie niemals auf.

Denn da war einmal diese Mutter, die sich für ihr Kind einsetzte …

- Müssen Sie sich an Jesus klammern und für Ihr Kind bitten? Was brauchen Sie?

- Wenn Jesus Ihre Motive hinterfragen würde, auf was würde er dabei bei Ihnen stoßen?

Raus aus dem Schlendergang

Seien Sie heute, wenn nötig, eine hartnäckige Mama. Nehmen Sie sich Zeit, um zu beten und geben Sie nie auf.

27

Vivienne

Wenn wir mit unseren Freundinnen telefonieren oder kostbare kinderfreie Zeit mit ihnen verbringen, dann bekommt das Muttersein oft etwas beinah Glanzvolles. Wir erzählen uns dann gegenseitig hinreißende Geschichten von den lieben Kleinen, geben ihre rührenden Gebete oder kleine Anekdoten zum Besten, und erzählen vielleicht von unseren neuesten Erziehungstricks oder -strategien. Für Außenstehende sind wir erwachsene Frauen, die ihre Aufgabe als Mütter gut bewältigen und vernünftig damit umgehen.

Sind die Kinder aber dabei, dann wird schnell deutlich, dass wir in Wirklichkeit kleine Terroristen großziehen. Es hat etwas erschreckend Peinliches, wenn unser Fünfjähriger nicht teilen will, Kinder umschubst, sich permanent durchsetzen will und Gott und die Welt herumkommandiert. Das fühlt sich an wie eine gnadenlose Entlarvung dessen, was bei uns zu *Hause in Wirklichkeit* abgeht – als würden wir unsere kleinen Rebellen Amok laufen lassen, während wir selbst Chips essend auf dem

Sofa sitzen und den ganzen Tag Serien gucken. *Klar* erziehen wir.

Kinder brauchen von der Geburt an etwa fünf Tage, bis das Egoismus-Gen bei Ihnen zur vollen Entfaltung kommt. Wer behauptet, dass Menschen nicht mit einem sündigen Wesen geboren werden, hat noch nie etwas mit einem Kleinkind zu tun gehabt. Eine der schwersten Lektionen, die wir unseren kleinen Egoisten vermitteln müssen, ist die des Dienens. Dazu gehören das Teilen, sich über die Erfolge anderer zu freuen, nicht immer Erster sein zu müssen und nicht ständig zu rivalisieren.

Hier kommt eine gute Geschichte darüber, wie Jesus einmal bei einem Bonzen zum Essen eingeladen war:

> *Als Jesus bemerkte, wie sich die Gäste um die Ehrenplätze drängten, nahm er dies als Beispiel und sagte: „Wenn du zu einer Hochzeit eingeladen wirst, dann begib dich nicht gleich oben auf den besten Platz. Es könnte ja noch jemand eintreffen, der angesehener ist als du. Mit ihm würde dann der Gastgeber zu dir kommen und sagen: ‚Der Platz war für diesen Mann hier bestimmt!' Vor allen Gästen müsstest du dich an das Ende des Tisches begeben."*
>
> LUKAS 14,7–9

Die Gastgeber sorgten für das Essen, die Gäste brachten ihr Ego mit und Jesus sorgte für die Spannungen. Ganz toll. Ich bin sicher, die anderen Gäste waren schwer beschämt, in Bezug auf ihr

Prestigedenken so entlarvt und bloßgestellt zu werden. Wohl jeder kennt das, denn wir verhalten uns sicher alle hin und wieder so, aber wir möchten nicht, dass andere es merken.

(Ich habe einmal so eine Situation erlebt, als eine Freundin darüber lamentierte, wie sehr sich ihre Tochter doch in der Schule langweile, weil sie schon so viel weiter und reifer sei als ihre Mitschüler. Zitat: „Sie ist den Gleichaltrigen haushoch überlegen!" Wenn ich Jesus gewesen wäre, hätte ich gesagt: „Rede lieber nicht so großspurig über deine Tochter, denn es gibt jede Menge andere Kinder, die dein kleines Genie in die Tasche stecken.")

Wenn wir klug sind, dann geben wir diese Lektion von Jesus auch an unsere Kinder weiter: Es gibt immer jemanden, der schlauer, schneller, lustiger und besser ist als man selbst, und daran haben die kleinen Leute oft schwer zu knabbern. Sie wissen nämlich ganz genau, wer schon seinen Namen schreiben kann, wer als erster Fahrrad fahren konnte und wer Spagat kann. Die Kleinkindzeit ist für unsere Kinder so eine Art Entwicklungsrennen, und ehrlich gesagt, fühlt sich da Teilen an wie etwas, das nur Verlierer tun – egal, ob es sich um das Teilen von Spielzeug, Aufmerksamkeit oder Ruhm handelt.

Es ist jedoch von entscheidender Bedeutung, unseren Kindern beizubringen, dass sie ganz bewusst auf andere Rücksicht nehmen sollen. Ich habe das bei meinen Kindern mithilfe dieser Geschichte aus dem Lukasevangelium getan. Dazu habe ich die fiktive Person einer Frau gewählt, die zu einer Hochzeit total aufgetakelt – mit großem Hut, bunter Kleidung und Pelzmantel – den Mittelgang entlang in die Kirche stolziert kommt und (mit hoher Stimme, ich weiß auch nicht warum) sagt: „Hallo, Leute, ich sitze in der *ersten Reihe*. Ich bin nämlich eine ganz große Nummer! Findet ihr das nicht auch ganz toll? Ich würde *niemals* woanders sitzen als in der *ersten Reihe*. Also macht mal bitte Platz da!" Nennen wir die Frau Vivienne.

Aber dann kommt auch noch der Bürgermeister, der ebenfalls eingeladen ist, und die Weddingplanerin führt ihn in der Kirche ganz nach vorn bis zur ersten Reihe und sagt zu Vivienne: „Würden Sie sich bitte einen anderen Platz suchen? Das hier ist nämlich der *Bürgermeister*! Nehmen Sie bitte Ihren Pelzmantel und setzen Sie sich weiter hinten hin." Also muss Vivienne vor den Augen aller Anwesenden den beschämenden Weg zurück in den hinteren Teil der Kirche auf sich nehmen – und das, nachdem alle gehört haben, wie sie geprahlt hat.

(Sydney: „Mir tut Vivienne echt leid."

Gavin: „Mensch, Sydney, du kapierst mal wieder so was von gar nicht, worum es hier geht.")

> *Wäre es nicht besser, du setzt dich gleich dorthin? Wenn dich dann der Gastgeber begrüßt, wird er vielleicht zu dir sagen: „Mein Freund, für dich habe ich einen besseren Platz!" Du wirst damit vor allen Gästen geehrt.*
> *Jeder, der sich selbst ehrt, wird gedemütigt werden; aber wer sich selbst erniedrigt, wird geehrt werden.*
>
> LUKAS 14,10–11

Unsere Kinder müssen lernen, auf ihren Platz in der ersten Reihe zu verzichten. Und das werden sie entweder freiwillig tun, oder sie werden für den Rest ihres Lebens vom Bürgermeister weggekickt, sind immer wieder aufs Neue über ihren tatsächlichen Status aufgebracht und ständig von Neid und Eifersucht geplagt. Wenn wir unseren Kindern beibringen, den bescheidensten Platz zu wählen, dann werden sie auf dem Umweg der Bescheidenheit zu Ansehen gelangen.

Wenn meine Kinder sich wieder einmal um den besten Platz balgen, unbedingt ihren Willen haben wollen oder gegen den Erfolg anderer sticheln, dann haben wir ein Codewort: Vivienne. Es erinnert die Kinder daran, auf den Platz zu verzichten, der ihnen vermeintlich zusteht, bevor daraus eine richtig peinliche Angelegenheit wird. Und interessanterweise machen ihre Freunde es ebenso, wenn sie es bei meinen Kindern sehen. Anderen den Vortritt und die Ehre zu lassen, ist ansteckend.

Vive la Vivienne.

Raus aus dem Schlendergang

Beachten und loben Sie Ihr Kind heute einmal ganz besonders, wenn es in irgendeiner Form auf etwas verzichten, abwarten oder Rücksicht nehmen kann, und ermuntern Sie es, das weiter einzuüben.

28

Unsere kleine Ausbeuterfirma

Wie recht die Weisheit Gottes hat, zeigt sich an denen, die sie annehmen.

LUKAS 7,35

Die Reise, auf die Gott uns Mütter schickt, kann schon ziemlich verwirrend sein. Am Anfang können wir uns kaum einmal zwanzig Minuten von unseren Kleinen trennen, und achtzehn Jahre später sollen wir sie dann als verantwortungsvolle und selbstständige Erwachsene in die Welt entlassen. Dazwischen liegen 800 Packungen Ibuprofen und 50 Erziehungsratgeber.

Das Wohl der Kinder an die erste Stelle zu setzen, bedeutet vor allem, die Tatsache zu akzeptieren und uns damit anzufreunden, dass sie den größten Teil ihres Lebens nicht bei uns leben. Wir rüsten sie entweder für ein gelingendes Leben aus oder wir hemmen ihre Entwicklung – manchmal unwiderruflich und irreparabel. Wenn man an seinen Kindern klebt, dann lähmt das ihre Fähigkeit, selbstständig zu werden.

Das ist so, weil Verantwortungsgefühl wie ein Muskel funktioniert, der permanent trainiert werden muss, weil er sonst verkümmert, und unsere Kinder nicht auf eigenen Füßen stehen können, wenn die Zeit dazu gekommen ist. Wenn wir ihnen alle Aufgaben abnehmen, dann lernen sie nicht, sie selbst auszuführen. Und das Tragischste daran ist, dass sie das noch nicht einmal wissen.

Normalerweise ist es nämlich so, dass Kinder nicht unbedingt bereitwillig Verantwortung übernehmen, wenn wir sie dazu drängen, sondern stattdessen Widerstand leisten.

Bei uns zu Hause hört sich das so an:

„Das kann ich nicht."

„Dazu bin ich noch zu klein."

„Kannst du das nicht machen?"

„Ich weiß nicht, wie das geht."

„Das ist zu schwer. Da fallen mir ja die Arme ab."

„Groß werden ist doof. Ich möchte lieber wieder ein Baby sein."

Haben Sie größere Kinder? Dann klingt es vielleicht folgendermaßen:

„Dazu habe ich echt keinen Bock."

„Ich bin doch nicht dein Sklave."

„Alles müssen wir machen. Echt bescheuert."

„Wenn ich mal Kinder habe, brauchen die so was nicht zu machen!"

„Meine Freunde kriegen alles von ihren Eltern bezahlt."

(Oder später: „Kann ich nicht wieder zu Hause einziehen?")

Dieser Prozess, ihnen Verantwortungsgefühl beizubringen, sieht ganz unterschiedlich aus, je nachdem, wie alt Ihre Kinder gerade sind. Ein zweijähriges Kind kann sich noch nicht selbst das Abendessen machen, aber wenn Sie Ihrem Sechzehnjährigen immer noch die Wäsche waschen, dann wird es Zeit für eine Aussprache. Bei uns zu Hause gibt es zwei Regeln:

1. *Welche Aufgabe kannst du schon selbst übernehmen?*

Ich erinnere mich noch daran, wie meine Kinder (damals drei, fünf und sieben Jahre alt) mir immer ihre Schmutzwäsche in den Wäschekeller brachten, die Sachen auf links drehten und dann nach Farben sortierten. Da konnten sie noch kaum über die Waschmaschine gucken.

Mein Mann sagte dazu: „Das ist, als hätte man eine eigene kleine Firma, in der Kinder ausgebeutet werden."

Ihre Kinder können mehr, als Sie *beide* glauben. Stellen Sie in regelmäßigen Abständen die oben aufgeführte Frage und werten Sie die Antworten darauf neu aus.

2. *Jeder ist für seinen eigenen Kram verantwortlich!*

Dazu gehört alles. Schuhe, Rucksäcke, Schmutzwäsche, Gerümpel, das eigene Zimmer, Sachen im Bad, Papierkram, Handtücher, schmutziges Geschirr, Müll, saubere Wäsche … das alles ist nicht Mamas Kram. Und das gilt auch für meinen lieben Mann. Ich habe früher unzählige Stunden damit vertan, Sachen aufzusammeln und wegzuräumen, die mir nicht gehörten. Jetzt haben wir jeden Abend 15 Minuten allgemeine Aufräumzeit.

Wem es gehört, der kümmert sich darum. Ganz einfach.

Diese beiden Regeln haben mein Leben radikal verändert.

Die Kinder vom Rockzipfel zu bekommen, ist nichts, was an dem Tag geschieht, an dem die Kinder aus dem Haus gehen, sondern es ist die logische Folge einer Erziehung zur verantwortungsbewussten Selbstständigkeit vom Tag ihrer Geburt an.

Jesus sagt: „Wie recht die Weisheit Gottes hat, zeigt sich an denen, die sie annehmen." Und da stimmen wir sicher alle zu. Die Weisheit entlässt Kinder selbstständig und erwachsen ins Leben. Als junge Menschen, die kritisch denken, aber auch das Klo putzen können.

Lassen Sie sich durch dieses Wort von Jesus ermutigen. Kluge Erziehung ist am Anfang schwer und dadurch oft von Unsicherheit geprägt. Und auch der Feind ist nicht untätig, sondern versucht, uns Zweifel einzuflüstern:

„Du überforderst sie völlig".

„Er braucht dich."

„Wenn du jetzt nicht einspringst, lässt du sie im Stich."

„Das ist doch viel zu viel Arbeit."

„Du bist zu streng mit ihnen."

„Dazu ist sie doch noch viel zu klein."

Bei den unausweichlichen Wutanfällen, der Aufsässigkeit und dem Trotz, von dem diese Erziehung begleitet ist, ist es sicher eine Herausforderung, auf dem eingeschlagenen Kurs zu bleiben.

Jede Mutter weiß, dass es oft viel einfacher und weniger anstrengend ist, die Aufgaben selbst zu erledigen. Es ist einfacher, die Kinder nicht mit den Folgen ihres Handelns zu konfrontieren und den Weg des geringsten Widerstandes zu gehen.

Aber Jesus sagt: „Wie recht die Weisheit Gottes hat, zeigt sich an denen, die sie annehmen." Jesus weiß, dass die Ernte erst später eingebracht wird. Am Anfang kostet uns diese Weisheit etwas, aber langfristig zahlt sie sich auf jeden Fall aus.

Und Jesus erzieht uns genauso. Jesus war so weise, mir alles Mögliche beizubringen, was ich nicht tun wollte, bevor ich mich nicht dazu bereit fühlte:

Jesus	*Ich*
„Schreib ein Buch."	„Das kann ich nicht. Ich weiß gar nicht, wie das geht."
„Tu etwas für Obdachlose."	„Davor habe ich Angst."
„Gründe eine Gemeinde."	„Kann das nicht jemand anders machen?"

Aber am Ende hat sich seine Weisheit als richtig erwiesen. Was er von mir verlangt und mir beigebracht hat, hat mich ein für alle Mal verändert. Er hat mich gedrängt zu gehorchen, und dadurch ist mein ganzes Leben anders geworden. Jesus wusste, wovon er sprach – und Sie wissen es auch.

Weise Erziehung – unbequem, mühsam und unermüdlich – wird sich als richtig erweisen und spätestens dann Bestätigung erfahren, wenn Sie erkennen, dass Sie einen Beitrag dazu geleistet haben, dass aus egozentrischen Kindern intakte und zuverlässige Erwachsene geworden sind. Schauen Sie Ihre Kinder an und sehen Sie in ihnen die künftigen Ehemänner oder Mütter der nächsten Generation. Geben Sie ihnen das mit auf den Weg, was sie für ein gelingendes Leben brauchen: Verantwortungsbewusstsein, Tatkraft und Selbstständigkeit. Ihre künftigen Schwiegerkinder werden es Ihnen danken.

Und auch die weinerlichen Kinder, die nicht Ihre Sklaven sein wollten, werden Ihnen dankbar sein.

Wenn die 1 auf der Skala dafür steht, Ihre Kinder an sich zu binden und nicht selbstständig werden zu lassen, und die 10, sie zur Selbstständigkeit zu erziehen und sie vom Rockzipfel zu bekommen, wo würden Sie sich dann selbst auf dieser Skala einordnen? Können Sie Ihre Antwort begründen?

Raus aus dem Schlendergang

Welche Aufgaben, die Ihr Mann und Ihre Kinder durchaus selbst erledigen können, übernehmen zurzeit noch Sie? Erstellen Sie eine Liste und trommeln Sie dann alle zusammen. Es ist Zeit für eine Familienkonferenz.

29

Oberes Mittelfeld

Gavin: „Wusstest du eigentlich, dass es in der fünften Klasse eine Rangordnung gibt, Mama?“

Ich: „Hmmmm?“ (Damit ermutige ich ihn, weiter zu reden, aber *so, als ob ich von der Rangordnung keine Ahnung hätte.* Denn tatsächlich war ich in der fünften Klasse in der Rangordnung am weitesten unten, auch dank meiner selbst gemachten Dauerwelle und meiner Kassenbrille. Ich habe bis heute bleibende Narben davon zurückbehalten.)

Gavin: „Das ist keine Rangordnung, die irgendwo niedergeschrieben ist, aber trotzdem weiß jeder, was Sache ist.“

Ich: „Und, wo stehst du in dieser Rangordnung, mein Schatz?“

Gavin: „Im oberen Mittelfeld.“

Ich: (Ich habe große Mühe, nicht loszuprusten.) „Erzähl doch mal.“

Gavin: „Also ganz oben stehen Brian und seine Freunde. Die sind nett zu mir, bleiben aber meistens unter sich. Ich habe eine ganze Reihe von Freunden eher weiter unten in der

Rangordnung. Die unteren und mittleren Ränge vermischen sich ziemlich. Zwischen der Mitte und dem oberen Bereich der Rangordnung vermischt sich nicht viel, und die, die ganz unten stehen, kommen nie nach oben oder haben auch nur Kontakt mit denen oben. Das ist echt kompliziert, Mama."

Ja, das ist es wirklich.

Rangordnungen, Wettbewerbe, Testspiele, Prüfungen, Titel, Level – das Kastensystem tritt in dem Moment in Kraft, in dem sich ein Baby aus der Krabbelgruppe als Erstes vom Bauch auf den Rücken drehen kann. Und diese Hierarchie wird durch das emsige Wirken von Eltern besetzt, finanziert, organisiert und aufrechterhalten. Eigentlich hätte mich der Wettstreit unter Müttern nicht weiter überraschen sollen, aber das tat er trotzdem. Ich empfand den Druck, Hochleistungskinder hervorzubringen, die es immer spielend *in allem* bis ganz oben in die Rangordnung schaffen, als überwältigend.

Ich habe meine Mutter einmal gefragt: „Gab es zwischen dir und deinen Freundinnen eigentlich früher auch so eine unausgesprochene Rivalität wegen der Kinder? Hast du da auch so viel Druck empfunden?"

„Nein! Das ist doch albern. Das gibt es nur in deiner verrückten Generation. Wir haben euch einfach großgezogen. Du und deine Freundinnen machen daraus ein Riesenprojekt", sagte sie und verdrehte dabei genervt die Augen.

Aus meiner Erinnerung kann ich ihre Aussage bestätigen. Unsere Eltern haben uns alles ausprobieren lassen, was wir wollten, selbst wenn es dabei Kollateralschäden gab, oder wir noch gar nicht die Fähigkeiten dazu hatten. Dann sagte unser Vater, wir wären wirklich ganz toll, und erst als wir erwachsen waren, wurde uns klar, dass wir absolut durchschnittliche Kinder waren.

Wann wird uns endlich klar, dass wir ganz normale Menschen großziehen? Auch unsere Kinder werden zu kämpfen haben, scheitern und uns enttäuschen. Es tut mir so leid, dass ich die Überbringerin dieser Botschaft bin, aber sie werden nie in irgendetwas die Besten sein, weil es immer noch jemanden gibt, der oder die noch besser ist. Eltern, deren Kinder alle aus dem Haus sind, wissen das, aber junge Mütter halten immer noch an dieser Illusion fest. Wir versuchen immer noch zu kontrollieren, ihnen Vorteile zu verschaffen und eine Umgebung herzustellen, in der Scheitern nicht vorgesehen ist.

Können Sie sich vorstellen, wie unsicher und unter Druck sich Ihre Kinder fühlen müssen, wenn sie nicht versagen dürfen – oder wenn sie nicht einfach mal etwas ausprobieren und dabei nur durchschnittlich abschneiden dürfen, weil wir von ihnen unerreichbare Perfektion erwarten. In unserer Leistungsgesellschaft mag es vielleicht ketzerisch klingen, aber in vielerlei Hinsicht sind unsere Kinder doch einfach nur ganz normal. Ich bin wirklich keine Fürsprecherin der Verdummung Amerikas. Und da, wo unsere Kinder ihre Gaben haben, strahlen sie sicher ganz besonders hell, aber manchmal ist mein Kind eben nur die unscheinbare Ballerina in der dritten Reihe, zweite von links.

Sie wissen ja, was Jesus vom Wettstreit um Aufmerksamkeit hielt. Er war ständig damit beschäftigt, Stolz an der Wurzel zu packen und auszureißen: Du betest darum, gesehen zu werden?

Dann hast du deinen vollen Lohn schon bekommen. Geben, um dafür Anerkennung zu bekommen? Leider gibt es dafür keinen Preis für dich. Fasten, um dafür bewundert zu werden? Wen interessiert's?

Als Jesus das Reich Gottes auf zwei Regeln reduzierte, kam gleich nach: „Du sollst Gott lieben", „und deinen Nächsten wie dich selbst" (vgl. Matthäus 22,36–40). Wir Mütter *lieben* unsere Kinder oft wie uns selbst, nämlich überkritisch. Den Maßstab für Perfektion, den wir bei unserer eigenen Leistung anlegen, übertragen wir automatisch auch auf unsere Kinder. Und glauben Sie ja nicht, dass die das nicht merken.

Ich habe ein Jahr lang in einer ersten Klasse unterrichtet und fast nur schöne Erinnerungen daran. („Liebe Mrs Hatmaker, ich hab' dich genauso lieb wie Gott, Anjali.") Eine meiner Schülerinnen war ein zuckersüßes Mädchen namens Madilyn. Sie war mutig und quirlig und leistungsmäßig irgendwo im Mittelfeld. Natürlich meldeten ihre Eltern sie sofort für Hochbegabungstests an, die ergaben, dass keine Hochbegabung vorlag. Daraufhin machten sie sofort einen Termin mit mir und dem Schulleiter und fragten: „Was können wir tun, damit ihre Hochbegabung deutlich wird?!"

Das arme Mädchen. Inzwischen ist sie sechzehn, und ich bin sicher, dass sie alles Menschenmögliche hinter sich hat, um *hochbegabt* zu werden und ihre Eltern glücklich zu machen.

Lassen Sie uns diesen Trend nicht mitmachen. Ich möchte für meine Kinder zu einem Umfeld beitragen, in dem sie für ihre Erfolge gefeiert werden, in dem aber niemand tot umfällt, wenn sie versagen – oder schlimmer noch, irgendwo im Mittelfeld landen. Lassen Sie sie Neues ausprobieren und zwar angstfrei und ohne Druck. Erlauben Sie ihnen, etwas nur aus Spaß zu tun, selbst wenn sie niemals ein Stipendium dafür bekommen. Lassen Sie uns ihnen beibringen, wie man mit Scheitern und Versagen umgeht: Reden Sie mit ihnen darüber, schauen Sie sich gemeinsam an, woran es gelegen hat, damit sie daraus lernen und es verarbeiten können. Und was ist, wenn sich herausstellt, dass mein Superstar nur im oberen Mittelfeld ist?

Keine Sorge. Er ist immer noch der süßeste Junge in der Geschichte der Mittelstufe (Zwinker).

Sind Sie eine perfektionistische Mutter? Wenn ja, was tun Sie, um in der Rangliste ganz oben zu stehen? (Wie erziehen Sie? Wie reden Sie mit Freunden über Ihre Kinder?)

Raus aus dem Schlendergang

Versuchen Sie heute einmal, alles etwas entspannter anzugehen und nicht zu kontrollieren. Finden Sie heraus, ob dann nicht alle im Haushalt erleichtert aufatmen.

30

Arbeitermädchen

Meine Freundin Trina und ihre Tochter Hannah unterhielten sich über Hannahs Zukunft. Dazu muss man vielleicht sagen, dass Hannah genau weiß, welche Knöpfe sie bei ihrer Mutter drücken muss, um sie auf 180 zu bringen. Und sie weiß natürlich auch, wie engagiert ihre Mutter in ihrem Beruf ist, und wie viel Wert sie auf Bildung allgemein und eine gute Berufsausbildung legt. Deshalb war Hannah klar, was sie auf die Frage ihrer Mutter antworten musste, an welchem College sie einmal studieren wolle.

Sie sagte: „Ich gehe gar nicht aufs College. Ich will heiraten und Kinder kriegen."

Obwohl Trina klar war, dass Hannah sie provozieren wollte, damit sie überreagierte, tat sie genau das.

„Was? Das ist doch lächerlich! Du heiratest genauso wenig, bevor du auf dem College warst, wie ich nackt in die Kirche gehe! Das kannst du vergessen! Und wenn du eine Hochzeit planst, sobald du achtzehn bist, dann weißt du, wo du mich findest. Ich bin die betrunkene Brautmutter, die auf der Tanzfläche zusammengebrochen ist! Aber dann tanze einfach weiter und steig über mich hinweg auf deinem Weg in ein verkorkstes Leben voller Enttäuschung und Reue!"

Hannah hätte gar nicht zufriedener sein können mit der Reaktion ihrer Mutter, auch wenn ich die hier ein bisschen ausgeschmückt habe.

Außerdem war Hannah damals gerade erst neun, sodass ich nicht sicher bin, ob man hier schon von einer echten Krise sprechen kann. Aber wir malen uns doch die Zukunft unserer Kinder so aus wie unsere eigene, oder? Gott hat uns zur Arbeit geschaffen. Salomon sagt: „Hunger treibt den Menschen an; er muss arbeiten, um satt zu werden" (Sprüche 16,26).

Und wer legt diesen Hunger in uns hinein? Gott schenkt uns Hunger auf das, wofür wir eine Leidenschaft haben, ein geradezu körperliches Bedürfnis danach, zu entdecken, was wir arbeiten möchten. Er schenkt uns Gaben, die wir dabei einsetzen können: Eifer als Treibstoff, Überzeugung, damit wir in die richtige Richtung gehen und Intelligenz, damit wir Erfolg haben. Zielgerichtete und konzentrierte Arbeit ist eine Idee von Gott, und er rüstet uns dafür ganz individuell aus.

Eines vorweg: Es gibt keinen biblischen Prototypen für die *arbeitende Frau*. In der Bibel steht weder irgendwo, dass wir Hausfrauen sein müssen, noch, dass wir voll berufstätig sein müssen. Es gibt dort Beispiele für Frauen an beiden Enden dieses Spektrums und auch in der Mitte. Sie alle hat Gott fähig gemacht zu arbeiten und ihnen gezeigt, wo und wie sie diese Fähigkeit am besten einbringen können.

Wenn Sie bis jetzt über andere Mütter geurteilt haben, die auf andere Art arbeiten als Sie selbst, dann sollten Sie ab sofort damit aufhören. Zu glauben, dass andere Mütter ganz genauso arbeiten müssen wie Sie, ist ungefähr so, als würden Sie sagen, dass alle Leute Lasagne mögen müssen, weil das Ihr Lieblingsessen ist. Und manche Frauen haben ja auch gar keine Wahl.

Wir haben so unterschiedliche Berufungen, Familienkonstellationen, Lebensumstände und Ziele, dass nur Gott allein weiß, wie das praktisch zu schaffen ist. Und wenn wir solche Trennlinien ziehen, wenden wir uns gegen unsere eigenen Teamgefährtinnen. Letztlich arbeiten wir doch alle für denselben Trainer, und Paulus schreibt dazu: „Du bist nicht der Herr des anderen. Mit welchem Recht willst du ihn also verurteilen? Ob er im Glauben standfest bleibt oder ob er fällt, ist eine Sache zwischen ihm und Gott, seinem Herrn. *Und er wird im Glauben festbleiben, denn der Herr hält ihn*" (Römer 14,4; Hervorhebung der Autorin).

Jesus formuliert also ziemlich unmissverständlich: „Urteilt nicht über andere" (Matthäus 7,1).

Können Sie sich vorstellen, wie viel Leid vermeidbar wäre, wenn wir uns an dieses Gebot Jesu halten würden? Ist Ihnen klar, wie viele Gemetzel er uns zu ersparen versucht, indem er uns auffordert, nicht über andere zu urteilen? Wie viele Kriege hätten vermieden werden und wie viele Ehen gerettet werden können? Es gäbe keine Stammesfehden und Völker würden sich versöhnen. Unsere Kirchen wären voll, und wir Mütter würden von dem schrecklichen Schuldtrip befreit, auf den wir uns gegenseitig schicken.

Ich war letztes Jahr als Referentin bei einer Veranstaltung in Memphis und ein paar Tage vor meinem Abflug kam ein *Wochenend-Care-Paket* für meine Familie bei uns an: Popcorn, DVDs, ein Gesellschaftsspiel, Kakao und Bücher. Die Organisatorin der Veranstaltung schrieb dazu:

Liebe Brandon, Gavin, Sydney und Caleb, danke, dass ihr uns dieses Wochenende das Geschenk eurer Frau/Mutter macht! Wir sind sehr dankbar, dass ihr sie uns ausleiht, damit sie uns im Wort Gottes unterrichtet und uns in unserem Glauben stärkt. Ihr könnt stolz darauf sein, dass ihr eine Mutter habt, die ihre Gaben einsetzt. Genießt die Sachen aus dem Päckchen – am Samstag bekommt ihr eure Frau/Mutter wieder zurück!

Nie zuvor und auch danach nie wieder bin ich in meiner Berufswahl so bestätigt und ermutigt worden. Da waren einmal weder der kritisch auf die Seite gelegte Kopf und die Worte: „Ach, Sie müssen für Ihren Job reisen? Wie schade!“ noch indirekte Kritik: „Das ist sicher nicht einfach für Ihre Familie“, aber auch nicht der entgegengesetzte Druck, der ausdrückt: „Sie könnten doch noch so viel mehr tun.“

Die nette Mitarbeiterin aus dem Planungsteam für das Event, die das Päckchen geschickt hatte, machte einfach deutlich, dass sie meine Familie mochte, und bestätigte meinen Kindern gegenüber meine Berufung. (Du hast mich gern? Schön. Du liebst meine Kinder? Dann sind wir beste Freundinnen.)

Manche Frauen müssen berufstätig sein, andere möchten es

gern, und manche Frauen gehen zu Hause ihrem Beruf nach. Das ist alles absolut in Ordnung und darüber hinaus auch wertvoll. Jesus schenkt uns Gnade für das, was wir tun, und deshalb sollten wir auch einander gegenüber gnädig sein. Die Frage lautet nicht: „Richtig oder falsch?“ sondern sie sollte lauten. „Gut und gesund für die Einzelne oder nicht?“

Keine von uns hat das Recht oder den Durchblick, das für eine andere Frau zu entscheiden. Gott führt jede Frau mit seiner Weisheit und *Arbeit* kann doch so unterschiedlich aussehen. Nur Gott allein kennt unsere Familie ganz genau – unsere Lebensumstände und die Lebensphase, in der wir uns gerade befinden – und deshalb soll auch nur er allein den Weg zeigen, den Sie gehen.

Also atmen Sie durch. Gott schätzt Sie und die Arbeit, die Sie jeden Tag tun.

Sorgen Sie dafür, dass Ihre Arbeit gut läuft – und ob das gelingt, beurteilen nicht andere, sondern einzig Ihre Familie und Gott. Alle anderen sollen sich heraushalten und aufhören, Ihre Entscheidungen zu kritisieren, solange sie nicht ein paar Tage in Ihren Schuhen gegangen sind.

- Wie läuft es Ihrer Einschätzung nach mit Ihrer Arbeit, und zwar egal, ob Sie zu Hause oder außer Haus arbeiten?

- Wenn Sie etwas ändern würden, was wäre das? Was hindert Sie daran, den Sprung zu wagen?

Raus aus dem Schlendergang

Wenn Sie auf die vorangehenden Fragen eine Antwort hatten, dann machen Sie einen konkreten Schritt auf dieses Ziel zu. Führen Sie ein Gespräch, ändern Sie etwas oder tun Sie einen ersten Schritt.

31

Das sind die Pflaumen

Jede Mutter hat einen Stapel von Büchern im Regal, die sie ihren Kindern schon so oft vorgelesen hat, dass sie sie auswendig kennt. Bei diesen Büchern kommt man nicht mehr damit durch, ab und zu einfach einmal drei, vier Seiten auf einmal umzublättern oder Absätze zu überspringen – also nicht, dass ich so etwas je gemacht hätte … In unserer Familie gibt es die ewigen *Renner* wie zum Beispiel die Bücher von Robert Munsch *Ich liebe dich für immer* oder *Die Prinzessin in der Tüte* und alle Titel von Shel Silverstein.

Ein Buch, das wir endlos und immer wieder gelesen haben, war *Everywhere Babys (Babies gibt es überall, Anm. des Übers.)*, bei dem ich beim Vorlesen jedes Mal wirklich schlucken musste.

In dem Bilderbuch wird auf jeder Seite ein Aspekt aus der Vielfalt des Lebens eines Babys beschrieben.

Auf einer Seite steht:

*Jeden Tag werden überall auf der Welt Babys gefüttert – mit dem Fläschchen, an der Brust, mit Bechern und Löffeln, mit Milch und Getreideflocken, mit Möhrchen und Pflaumen.**

Die unterschiedlichen Nahrungsangebote sind in kleinen Illustrationen dargestellt, und Gavin – damals ungefähr fünf Jahre alt –, der das Wort Pflaumen offenbar noch nicht kannte, riet einfach, als er sie zuordnete. Er zeigte auf die Brust der stillenden Mutter und sagte: „Das sind die Pflaumen."

Touché.

Der weibliche Körper und das Kindergebären – ein wirklich beeindruckendes Team, wenn auch mit deutlichen Kollateralschäden. Als Caleb kürzlich einmal ins Bad kam, während ich mich gerade fertig machte, und fragte: „Was sind denn das da für Schrammen auf deinem Bauch, Mama?", wurde er nachhaltig aus dem Bad komplementiert.

Ich möchte Sie ja nicht schockieren, meine Lieben, aber unser Körper verändert sich nach Geburten. Sehr sogar. Ich hatte bis zur Geburt des ersten Kindes immer glattes Haar und danach kringelte es sich plötzlich. Nach der Geburt des dritten Kindes brauchte ich Schuhe eine Nummer größer als vor der Geburt des ersten (inzwischen gehe ich auf Skiern), und meine Hüften sind nie wieder so geworden wie vor den Kindern. Ich habe drei Kinder gestillt und brauche wahrscheinlich nicht extra zu erwähnen, welche fatalen Spuren das hinterlassen hat. Wo sich einst

* Susan Meyers, *Everywhere Babies* (New York: Scholastic Printing, 2002).

ein flacher Bauch befand, sieht es jetzt aus wie eine topografische Karte von Frankreich. Um das Ganze noch zu toppen, kann ich nicht mehr Trampolin springen, ohne mir dabei in die Hose zu machen.

Herkömmlicher christlicher Rat zu diesem Thema sorgt bei mir in der Regel dafür, dass ich am liebsten gewalttätig werden möchte.

Wenn ich im Bad nackt vor dem Spiegel stehe, dann meditiere ich nämlich normalerweise keine Bibelverse. Wenn das bei Ihnen funktioniert, damit Sie sich besser fühlen, dann machen Sie auf jeden Fall weiter damit. Bei mir ist das eher so, als würde ich einen gemischten Salat ohne Dressing anschauen und sagen: „Ich mag dich. Ich bin begeistert, dass ich dich essen darf statt eines köstlichen Burgers mit frittierten Zwiebelringen."

Festzuhalten bleibt Folgendes: Es ist okay, ein wenig auszubeulen oder Dehnungsstreifen zu bekommen und insgesamt ein bisschen schlaffer zu werden. Aber wenn Sie mir weismachen wollen, dass Sie richtig hingerissen sind von Ihrer neuerlich hyperempfindlichen Blase und Erwachsenenakne, dann behaupte ich, dass Sie lügen und streiche Sie bei Facebook als Freundin. Manche der körperlichen Veränderungen durch das Kinderbekommen sind einfach ätzend, und ich erlaube mir, das auch so zu empfinden.

Trotzdem möchte ich in diesem Zusammenhang etwas nicht unerwähnt lassen, was Jesus gesagt hat:

Darum sage ich euch: Macht euch keine Sorgen um euer Leben, ob ihr etwas zu essen habt, und um euren Leib, ob ihr etwas anzuziehen habt.

LUKAS 12,22–23, GN

Ihr Körper ist mehr als Kleidung und er ist auch mehr als schlaffe Haut und größere Füße. Unser Körper hat Babys bis zur Geburt mit allem Lebensnotwendigen versorgt und sie zur Welt gebracht. (Ich möchte einen Mann erleben, der das aushält – die Menschheit wäre schon längst ausgestorben). Trotz der jetzt breiteren Hüften und anderer körperlicher Veränderungen denken unsere Ehemänner mehrmals täglich an unseren Körper. Unser Körper hat einen Preis dafür verdient, dass er den Marathon der Versorgung und Betreuung von Kleinkindern durchhält: All das Heben und Tragen und Bücken und Hocken und Ringen und Halten und Zerren und Rennen und Jagen und Drücken und Schuckeln.

Unser Körper ermöglicht uns die Intimität des Miteinanders in der Ehe und das Wunder der Geburt. Und dann das Stillen. Unser Körper arbeitet schwer und hat deshalb Liebe und Zuwendung verdient.

Meine Freundin hat einmal von einem Ehepaar zum Thema Ehe eine Predigt gehört, in der die Frau vor Tausenden von Menschen in der Veranstaltungshalle und zusätzlich vielen Menschen vor Fernsehbildschirmen sagte: „Wenn Sie über fünf Kilo mehr wiegen als am Tag Ihrer Hochzeit, dann sollten Sie unbedingt eine Diät machen!" Solche Aussagen machen mich richtig wütend.

Wir brauchen wirklich nicht das Gewicht zu halten, das wir mit Mitte zwanzig hatten, bevor die Kinder kamen. Aber jede Frau weiß, dass es ihr besser geht, wenn sie gut mit ihrem Körper umgeht. Sich gut um seinen Körper zu kümmern heißt, ihm die Nahrung zu geben, die ihm guttut, und ihn vor schädlichen Gewohnheiten zu schützen. Es bedeutet, dass wir auf unsere *Gesundheit* achten.

Meine 93 Jahre alte Großmutter, die körperlich sehr beeinträchtigt ist, und deren Körper langsam von innen nach außen seine Funktion einstellt, hat einmal traurig zu mir gesagt: „Wenn ich gewusst hätte, dass ich so alt werde, dann hätte ich besser auf mich achtgegeben."

Wir haben nur diesen einen Körper. In genau dieser Haut werde ich auch in vierzig Jahren noch stecken. Auf dieses Herz verlasse ich mich und mit diesen Händen möchte ich noch meine Enkel halten und streicheln. Dieser Körper sieht nicht mehr so aus wie vor fünfzehn Jahren, aber der Körper von damals war jung und unerprobt. Dieser Körper, in dem ich jetzt lebe, hat drei wunderschöne Kinder hervorgebracht, die jetzt ebenfalls die Erde bevölkern. Ich habe sie unter dem Herzen getragen, geboren, und dann war immer noch genug Kraft übrig, um sie großzuziehen. Ich bin stolz auf meinen Körper, auch wenn mir nicht alles an seinem äußeren Erscheinungsbild gefällt.

Unser Körper ist mehr als die Kleidung. Er ist unser Freund und Verbündeter. Er ist das Gefäß, das Sie den Rest Ihres Lebens trägt, bis Sie ihn ablegen, um mit ewiger Herrlichkeit gekleidet zu werden. Behandeln Sie ihn also bis dahin mit dem Respekt, der ihm zusteht und der Aufmerksamkeit, die er verlangt. Zugegeben, er hat Sie *busentechnisch* vielleicht in eine Situation gebracht, auf die Sie hätten verzichten können, aber Sie haben ihm ja auch einmal acht Tage am Stück McDonald' zugemutet, als bei Ihnen um die Ecke die neue Filiale eröffnet wurde (ooops). Also sagen wir, Sie sind quitt und erklären den Waffenstillstand.

Frieden.

Was sagt Ihre innere Kritikerin zu Ihrem Körper?

Raus aus dem Schlendergang

Schreiben Sie fünf Arten auf, wie Ihnen Ihr Körper dient und für Sie arbeitet.

32

Nachfolge und Hunde

Die Hatmakers haben schon mehrere Fehlstarts als Hundehalter hingelegt. Dafür gibt es eine Unzahl von Gründen, zum Beispiel die Erkenntnis, dass Hunde Arbeit machen. Wenn wir irgendwo einen Hundewelpen sehen, bricht unsere spontane und impulsive Art durch, denn die Gesichter der Welpen scheinen zu sagen: „So einen wie mich musst du unbedingt haben. Ich bin ein lebendes Postkartenmotiv. Ich tolle mit dir herum und bringe deiner Familie Freude und Erfüllung."

Dann findet eine Art Verschwörung zwischen den Welpen- und Kindermienen statt und die Kinder sagen: „Wir brauchen diesen Hund. Und wir werden jede freie Minute mit ihm verbringen. Wir gehen mit ihm Gassi und sammeln selbstverständlich die Hundehaufen ein, außerdem füttern und bürsten wir ihn natürlich. Du merkst bestimmt gar nicht, dass er da ist, so gewissenhaft und verantwortungsvoll werden wir uns um ihn kümmern."

Der Hund wird also gekauft.

Und wenig später wird mir klar, dass die besagten Kinder alle Lügenbolde sind.

Ich reinige den vollgepinkelten Teppich.

Ich werfe zerkaute Schuhe (Spielzeuge, Fernbedienungen, Becher, alles) in den Müll.

Ich suche ein neues Zuhause für den Hund.

Den Kindern war dieses sich wiederholende Muster offenbar völlig egal.

Wir waren also einmal schlechte Haustierbesitzer, haben uns aber inzwischen gebessert und besitzen jetzt einen stubenreinen, gut erzogenen Springer Spaniel. Doch in den drei Jahren vor unserer Rehabilitierung, in denen wir kein Haustier hatten, rannten unsere Kinder zu jedem Hund, der ihnen über den Weg lief, um ihn zu streicheln, und dabei den völlig fremden Eigentümern zu erzählen, dass ihre Eltern den Familienhund weggegeben hätten und sich weigerten, einen neuen anzuschaffen. Echt reizend!

Irgendwann brachte Gavin dann folgenden Aufsatz zum Thema Hunde in unserer Familie nach Hause. Er trug den Titel *Ein gebrochenes Herz*: „Die traurigsten Momente in meinem Leben waren die Augenblicke, als meine Mutter unsere Hunde weggegeben hat. Sie war sie leid, weil sie zu wild und verrückt waren. Aber ich habe meiner Mutter vergeben. Sie ist schon in Ordnung. Wenigstens ist sie nicht tot."

Ich habe keine Ahnung, warum er nicht auch seinen Vater für diese Sache verantwortlich machte, aber offenbar ist mir vergeben, und es könnte alles viel schlimmer sein, denn schließlich könnte ich auch im Leichenschauhaus liegen.

Stellt euch vor, jemand möchte einen Turm bauen. Wird er sich dann nicht vorher hinsetzen und die Kosten überschlagen? Er wird doch nicht einfach anfangen und riskieren, dass er bereits nach dem Bau des Fundaments aufhören muss. Wer es sieht, würde ihn auslachen und sagen: „Einen Turm wollte er bauen! Aber sein Geld reichte nur für das Fundament!" ... Überlegt auch ihr vorher, ob ihr wirklich bereit seid, alles für mich aufzugeben und mir nachzufolgen. Sonst könnt ihr nicht meine Jünger sein.

LUKAS 14,28–30,33

Jesus wusste schon, wie man eine Menschenmenge ausdünnt, oder? Aber genau das mag ich an ihm. Er redet den Glauben nicht schön oder spült ihn weich und tut nicht so, als wäre die Nachfolge ein Ponyhof. Ich bin das Wohlstandsevangelium so leid und eine Generation von Christen, die sich nur an Jesus wenden, weil sie etwas von ihm haben wollen. Ein Glaube, der nur bleibt, solange die Sonne scheint, hat keine Substanz.

Aber mal ehrlich, es ist ja schon hart, was Jesus da sagt. Hat er das wirklich so gemeint? Wenn wir nicht alles aufgeben, können wir ihm nicht nachfolgen und nicht seine Jünger sein? *Alles*? Im Grunde warnt Jesus uns: „Überschlagt die Kosten, bevor ihr etwas angeht, und fangt nichts an, was ihr nicht zu Ende bringen könnt."

Je älter ich werde, desto mehr leuchtet mir das ein, und ich begreife langsam, was echte Nachfolge kostet.

Folgendes stelle ich fest: Es fällt mir unendlich viel schwerer, emotionale und geistliche Kontrolle aufzugeben als materiellen Besitz. Ich kann ohne Weiteres die Schuhe verschenken, die ich gerade trage, aber meinen Stolz aufzugeben, ist ein ständiger Kampf. Geld, Zeit und Hilfe gebe ich gern, aber auf Anerkennung zu verzichten, ist ein Opfer, das mir immer noch einiges abverlangt.

Die Kontrolle über unsere Kinder abzugeben, ist für uns Mütter genauso schwer wie im Dezember mit einer Atkins-Diät zu beginnen. Wenn es um unsere Kinder geht, dann sind wir überzeugt, dass Jesus damit nicht so gut zurechtkommt wie wir selbst. Wir neigen dazu, ihr Schicksal mit sorgfältiger Planung und strategischer Positionierung mitzugestalten. Wir haben es gern sicher – obwohl einem spätestens nachdem man fünf Seiten in der Bibel gelesen hat, eigentlich klar sein muss, dass Sicherheit nicht Gottes oberste Priorität ist. Jesus unsere Babys anzuvertrauen in einer Phase, in der wir in erster Linie für ihre körperliche Unversehrtheit verantwortlich sind, ist ja noch relativ einfach. Viel schwerer ist es, sie Gott zu überlassen, wenn unsere Verantwortung für sie weniger wird und Gott beginnt, ihren Lebensweg zu zeichnen.

Jesus sagt zu uns als Jüngerinnen und Mütter: „Das alles hat einen Preis. Bist du in der Lage, mir in fünf Jahren deine Kinder anzuvertrauen? Oder in zehn? Kannst du die Kontrolle über sie an mich abgeben? Kannst du mir auch dann vertrauen, wenn sie zu kämpfen haben, versagen oder sogar scheitern? Oder wenn ich sie in eine Richtung führe, die dir Unbehagen bereitet? Kannst du sie *wirklich ganz und gar* mir überlassen?“

Echtes Vertrauen in Jesus zeigt sich darin, was wir ihm

anvertrauen, was wir für ihn aufgeben und an ihn abgeben. Je größer der Schatz ist, den wir ihm anzuvertrauen bereit sind, desto echter ist unser Glaube. Und von allem, was Gott uns als Haushaltern anvertraut, ist es am allerschwersten, unsere Kinder wirklich ganz und gar wieder an ihn loszulassen – schwerer als Geld, Besitz oder unsere Gaben. Es ist der höchste Vertrauensbeweis. Es bedeutet, den Turm tatsächlich fertigzubekommen, weil man im Voraus gewusst hat, dass man genug gespart hat, um ihn zu Ende zu bauen.

Es ist schwer, das jetzt schon festzumachen, während in Ihrem Haus noch Kinderbetten und Windelpackungen das Bild bestimmen, aber Sie haben Ihre Kinder nur für eine bestimmte Zeit bei sich. Denn ihr Leben gehört in Wirklichkeit nämlich Jesus. Er hat einen Auftrag und eine Bestimmung für sie, die außerhalb Ihrer Kontrolle, Ihrer Leitung und Ihrer Verantwortung liegen. Der richtige Moment zu sagen: „Sie gehören Jesus“ ist dann, wenn sie noch ganz klein sind und ohne Eltern noch gar nicht lebensfähig. Akzeptieren Sie Ihre Aufgabe so, wie sie ist. Machen Sie sich vom ersten Lebenstag Ihres Kindes an immer ein bisschen entbehrlicher und geben Sie dann den Staffelstab an Jesus weiter. Je schneller Sie die Rolle annehmen, die Ihnen zugedacht ist, desto leichter wird es werden, die Kinder loszulassen, Stückchen für Stückchen, bis sie startklar sind.

Wie sieht ein Achtzehnjähriger aus, der sein Leben lang von seiner Mutter kontrolliert und manipuliert worden ist?

Wenn Sie glauben würden, dass letztlich Jesus für Ihre Kinder verantwortlich ist, welchen Bereich oder welchen Kampf würden Sie dann ihm überlassen?

Raus aus dem Schlendergang

Werden Sie für eine Weile still und bitten Sie Gott im Gebet, Ihnen zu helfen, seiner Führung im Leben Ihrer Kinder zu vertrauen.

33

Profi-Sorgenmacherinnen

Als ich dabei war, ein Buch mit Andachten für Eltern von Kindern mit besonderem Förderbedarf zu schreiben, dämmerte mir etwas: Ich hatte keine Ahnung, wie man ein Kind mit besonderem Förderbedarf erzieht. Deshalb befragte ich dazu meine Freundin Monica, die zwei großartige Söhne hat: Den neunjährigen autistischen Joshua und den achtjährigen Jacob, der Legastheniker ist. Allen unter Ihnen, die ein Kind erziehen, das anders, herausfordernd, einzigartig ist, macht ihre Geschichte vielleicht Mut. Vielleicht gehören Sie ja auch zu den wenigen Müttern, die (Achtung! Ironie) ein Problem mit zu viel Sorgen hat. Wenn dem so ist, dann lesen Sie weiter …

Wie war das am Anfang, als du Mutter wurdest, Monica?

Alle Mütter haben ja von dem Augenblick an, in dem sie von der Schwangerschaft erfahren, Träume, aber auch Befürchtungen und Sorgen. Man stellt sich das Aussehen seines Kindes vor, seine Zukunft, welchen Sport es einmal treiben wird, seine

Hobbys, den Beruf, den Ehepartner und vieles mehr, aber natürlich denkt man nicht daran, dass dieses Kind, das man bekommt, einmal besonderen Förderbedarf haben könnte – jedenfalls war das bei mir so. Doch Gott tut das schon.

Ich werde nie den Tag vergessen, an dem ich merkte, dass bei meinem Sohn irgendetwas anders war. Natürlich begann ich, ihn mit den Babys meiner Freundinnen zu vergleichen, und von da an ergriffen heftige Sorgen Besitz von mir – ja, sie fraßen mich förmlich auf. Als dann die Ärzte meine Befürchtungen bestätigten, hatte ich das Gefühl, mir würde der Boden unter den Füßen weggezogen. Es war, als bekäme ich plötzlich keine Luft mehr. Mein Kind war also *tatsächlich* anders, und das bedeutete, dass von jetzt an nichts mehr so sein würde, wie es war!

Das war der Tag, an dem ich zur Profi-Sorgenmacherin wurde. Ich machte mir Sorgen über seine Entwicklungsschritte, darüber, was er aß und wann er aß, welche Spezialisten wir aufsuchen sollten, für welche Therapien ich ihn anmelden sollte, mit welchen Kindern er spielen sollte und mit welchen lieber nicht, und darüber, ob andere Mütter mich wohl für eine perfekte Mutter hielten. Kurz: Ich machte mir wirklich über alles Sorgen.

Und wie bist du damit umgegangen?

Erst zwei Jahre später wurde mir klar, dass der Kleine jeden Tag fröhlich war – in allen Situationen, bei allen Therapien und bei allen missglückten Verabredungen mit anderen Kindern. Er achtete gar nicht darauf, was er aß – manchmal war auch Papier dabei! Mein kleiner Schatz lächelte und spielte und hatte Freude am Leben, während ich neben ihm saß und mir Sorgen machte, beunruhigt war und meine Kraft mit Dingen vergeudete, die ich nun mal nicht ändern konnte.

Während ich also ziemlich orientierungslos auf diesem unbekannten Weg entlangstolperte, ein Kind mit besonderem Förderbedarf zu erziehen, fühlte ich mich sehr einsam. Aber durch Gottes Gnade stieß ich irgendwann auf die Bibelstelle Matthäus 6, 25–34.

Ich war ganz sicher, dass das extra für mich in der Bibel stand (und er hat es auch für Sie geschrieben). Besonders an zwei Versen klammerte ich mich richtig fest:

„Und wenn ihr euch noch so viel sorgt, könnt ihr doch euer Leben um keinen Augenblick verlängern … Deshalb sorgt euch nicht um morgen – der nächste Tag wird für sich selber sorgen! Es ist doch genug, wenn jeder Tag seine eigenen Schwierigkeiten mit sich bringt" (Matthäus 6,27–34).

In diesem Abschnitt sagt Jesus selbst, dass wir uns um unser Leben keine Sorgen machen sollen. Ich glaube, an dieser Stelle würde er ein Ausrufezeichen setzen. Er meint, was er sagt. Wir sollen uns *keine* Sorgen darüber machen, ob für unsere Grundbedürfnisse gesorgt ist. Und dasselbe gilt auch für den „besonderen Förderbedarf" unseres Kindes.

Jesus ist sehr konkret in Bezug auf die Bedürfnisse, über die wir uns keine Sorgen machen sollen. Wir sollten diesen Abschnitt aber auch so lesen, als ob er darin Lücken gelassen hat, die wir selbst ausfüllen können.

„Deshalb sorgt euch nicht um ....“
Tragen Sie hier den speziellen Förderbedarf Ihres Kindes ein und das, was es in seiner speziellen Situation braucht: die Arztbesuche, Therapien, Medikamente, Ausbildung und Gesundheit. Wir haben uns diesen Weg nicht ausgesucht für unser Kind, sondern das hat Gott getan. Gott kennt unsere Ängste und Sorgen auch dann, wenn wir sie nicht aussprechen. Sie können ganz sicher sein, dass er mit allem sehr viel besser fertigwird als Sie selbst. Schauen Sie nur auf Gott und legen Sie den Tag, der vor Ihnen liegt, in seine Hände. Wir erreichen sehr viel mehr für unsere Kinder, wenn wir herauszufinden versuchen, welchen Plan Gott für unser Leben und für das unseres Kindes hat.

Was würdest du einer anderen Mutter sagen, die ein Kind mit besonderem Förderbedarf hat?

Als unser Kind in unserem Bauch gewachsen ist, hat Gott in seiner Kreativität ganz eigene und einzigartige Fäden mit eingewebt, und wir tun uns selbst und dem Kind einen großen Gefallen, wenn wir annehmen und bejahen, dass es *nicht* so ist wie die anderen. Ich betrachte es als Ehre, dass Gott mich ausgesucht hat, so ein besonderes Geschenk zu bekommen, das wirklich einzigartig ist. Ich weiß, dass der Herr mich mit allem und genau dem ausrüstet, was ich brauche, um meinem Sohn die bestmögliche Mama zu sein. Ich liebe es, wie seine Augen leuchten, wenn ich sage: „Du bist wirklich etwas ganz Besonderes.“ Dann lächelt er, und ich bin dankbar, dass *besonders* mehr Bedeutungen hat, als ich je gedacht hätte.

Ich bin wirklich beschenkt!

Und was das Sorgen betrifft – also, ich bin eine genesende Sorgensüchtige! Ich konzentriere mich nicht mehr in erster Linie auf meine Sorgen, auch wenn sie sich immer noch hin und wieder zu Wort melden. Wenn das aber doch einmal der Fall ist, laufe ich schnell zu meinem himmlischen Vater und werfe alle meine Sorgen auf ihn. Und ich sage ihm, dass ich außerdem gerade zu viel zu tun habe, um mir wegen .... (hier ausfüllen) Sorgen zu machen!

Wenn Sie ein Kind mit besonderem Förderbedarf haben, worüber machen Sie sich am meisten Sorgen?

Raus aus dem Schlendergang

Welche besonders schönen Dinge bringt Ihr Sohn beziehungsweise Ihre Tochter in diese Welt, während Sie sich sorgen? Zählen Sie sie auf und teilen Sie Ihrer Familie mit, was Sie aufgeschrieben haben.

34

Wieder sexy

Hören Sie: Ich habe Jesus lieb und gehöre zu seinen größten Fans. Wenn ich nicht weiß, wie ich mit jemandem über den christlichen Glauben oder über Gemeinde, über die Bibel oder Prophetie reden soll, dann kann ich immer noch über Jesus sprechen, und der Betreffende wird ihn garantiert mögen. Jesus spricht für sich. Ich mag seine Art und seinen Stil sehr und stürze mich immer wieder begeistert auf seine coolen Geschichten.

Aber eines will ich Ihnen sagen: Zu den Themen Erziehung, Ehe – und in diesem Zusammenhang auch Sex – hatte er nicht viel zu sagen.

Als ich gestern Abend grummelnd in der Bibel las, sah Brandon zu mir herüber und ich schimpfte vor mich hin: „Jesus, hättest du nicht wenigstens einen guten Abschnitt übers Muttersein mit einbauen können? Nur einen ganz kleinen Rat, wie man das Feuer der Liebe auch dann noch in Gang hält, wenn fünf Nächte in der Woche ein Kleinkind mit im Ehebett liegt?“

Aber sei's drum, weichen wir für diese eine Andacht eben einmal von Jesus ab und wenden uns Paulus zu, der zu diesem Thema sehr viel mehr zu sagen hatte. Erster Korinther 7 fängt so an: „Nun zu der Frage, die ihr mir in eurem Brief gestellt habt" und dann kommt ein ganzes Kapitel über Sex und Ehe. Das zeigt, dass es schon seit eh und je ein heißes Eisen ist. Jesus und seine Mitstreiter interessierte das vielleicht nicht so besonders, aber alle anderen dafür umso mehr. Die Gemeinde in Korinth hatte offenbar einen Brief geschrieben, in dem sie, nachdem all das andere obligatorische geistliche Zeugs abgehandelt und geklärt worden war, zum eigentlichen Punkt kam: „Also Paulus, die Männer in unserer Gemeinde möchten mehr Sex, als sie bekommen …" Und so verfügen wir seit Ewigkeiten über folgenden Rat:

> *Der Mann soll seine Frau nicht vernachlässigen, und die Frau soll sich ihrem Mann nicht entziehen, denn weder die Frau noch der Mann dürfen eigenmächtig über ihren Körper verfügen; sie gehören einander. Keiner soll sich dem Ehepartner verweigern, außer beide wollen eine Zeit lang verzichten, um für das Gebet frei zu sein. Danach kommt wieder zusammen, damit euch der Satan nicht in Versuchung führen kann, weil ihr euch nicht enthalten könnt.*
>
> KORINTHER 7,3–5

Sex. Von allen Leuten die ich kenne haben nur drei Paare dieses Thema wirklich für sich geklärt. Männer und Frauen gehen dieses Problem unterschiedlich an, denken unterschiedlich darüber, brauchen Sex unterschiedlich und bewerten ihn unterschiedlich. Aber zum Sex brauchen wir uns nun mal gegenseitig. Doch Gott verurteilt das Projekt Sex nicht zum Scheitern.

Und was meint er dazu?

Denken Sie einmal an die anderen Aspekte der Ehe, die Gott wichtig sind: Zuneigung, Gegenseitigkeit, Respekt und Verbindlichkeit. Wenn in diesen Bereichen alles gut läuft, dann läuft das mit dem Sex ganz automatisch. Gott hat uns nicht in ein (Haifisch-)Becken geworfen und gesagt: „So, und jetzt vermehrt euch!“ sondern er hat das Geschenk des Sex innerhalb der Ehe platziert, gut geschützt durch das emotionale Miteinander. Wenn dieser Schutz nicht vorhanden ist, wird der Bereich der Sexualität anfällig oder ist sogar gefährdet, weil ihm der Zusammenhang fehlt, in dem er gedeihen und sich entfalten kann.

So jedenfalls sehen es Frauen.

Männer betrachten die Sache genau umgekehrt. Wenn es mit dem Sex schwierig ist oder es keinen gibt, wird die Beziehung anfällig oder ist sogar gefährdet, denn sie braucht das sexuelle Zusammensein, um zu gedeihen und sich zu entwickeln. Sheila Gregoire formuliert das so: „Sie schläft mit ihm, weil sie sich geliebt fühlt, und er schläft mit ihr, *um* sich geliebt zu fühlen. Mit anderen Worten: Wenn sie sich nicht geliebt fühlt, ist das Allerletzte, was sie sich wünscht, mit ihm zu schlafen. Und wenn er sich ihr fern oder fremd fühlt, dann ist das, was er sich am allermeisten wünscht, mit ihr zu schlafen, weil das die Art ist, wie er alles in Ordnung bringt."* Oh je!

„Keiner soll sich dem anderen verweigern", warnt Paulus. Doch damit ist kein genervtes Augen rollendes „Na gut, wenn es denn sein muss …" gemeint, wenn Ihr Mann intim werden möchte.

Aber wen interessiert denn das schon? Männer wollen schließlich einfach nur Sex, oder? Es ist ihnen egal, ob uns gerade danach ist.

In Shaunti Feldhahns Studie in dem Buch *Männer sind Frauensache* gab es bei diesem Punkt die größte Einigkeit: 93 Prozent der Männer sagten, dass genügend Sex nicht ausreiche. Quantität sei nicht der entscheidende Punkt, sondern viel wichtiger war ihnen, geliebt und begehrt zu werden. Drei von vier Männern sagten sogar, dass selbst wenn sie so viel Sex bekämen, wie sie wollten, es sie nicht befriedige, wenn ihre Frau nicht sowohl aktiv beteiligt als auch befriedigt sei.**

Wir sind Beziehungswesen und wir holen unsere emotionale Kraft aus vielen Beziehungsquellen. Die meisten Männer leben mit einer tiefen Einsamkeit, die wir gar nicht richtig begreifen können. Oft stehen sie allein da: Am Arbeitsplatz, als Versorger oder einfach als Mann – unabhängig und stark. Und für sie ist Sex das reinste Mittel gegen diese Einsamkeit. In den Armen seiner Frau ist er angenommen, begehrt und geliebt.

* Sheila Wray Gregoire, *To Love, Honor, and Vacuum* (Grand Rapids: Kregel 2003), 183.
** Shaunti Feldhahn, Männer sind Frauensache (Gerth Medien, Asslar)

Wenn er weiß, dass Sie ihn sexuell begehren, dann rüsten Sie ihn emotional dazu aus, auch in allen anderen Bereichen Erfolg zu haben.

Ich weiß, was Sie jetzt denken: *Das kann nicht dein Ernst sein! Ich bin erschöpft. Ich kümmere mich seit 6:00 Uhr morgens um die Bedürfnisse anderer. Wenn jetzt noch eine Person mehr kommt und etwas von mir will, dann hole ich meine Knarre raus. Ich kenne diesen Blick. Vergiss es!*

Sie können mir wirklich glauben, dass ich weiß, was Sie meinen. Der Gedanke an Sex um 22:30 Uhr ist manchmal so unerträglich, dass man am liebsten anfangen würde zu weinen.

Aber denken Sie doch noch einmal an das, was ich gerade ausgeführt habe: Für ihn ist Sex nicht nur Sex. Für ihn gibt es keine intensivere Art, ihm Ihre Liebe zu zeigen als durch Ihr sexuelles Verlangen. Und umgekehrt gilt natürlich auch, dass Sie ihm nicht schneller das Gefühl geben können, nichts wert zu sein als dadurch, dass Sie ihn sexuell zurückweisen oder sich ihm verweigern. Hinter all dem Testosteron steckt nämlich ein ganz weicher Kern, so anders es auch aussehen mag.

Ein Ehemann hat einmal gesagt: „Wenn sie Nein sagt, dann habe ich das Gefühl, dass ich abgewiesen werde. Ihr *Nein* ist kein Nein zum Sex, sondern es ist ein Nein zu mir in meinem Sosein, zu mir als Person. Und wenn ich die Initiative ergreife oder frage, dann bin ich sehr verletzlich und empfinde ihr ablehnendes Verhalten einfach als Abweisung."*

* Ibid.

Unsere Männer finden uns unwiderstehlich; sie denken praktisch ununterbrochen an Sex mit uns. Wenn sie also das Gefühl haben, dass wir sie unattraktiv oder uninteressant finden, dann können wir uns gar nicht vorstellen, wie tief sie das trifft. Sie denken: *Ich bin einfach müde.* Aber er hört: *Sie will mich nicht.*

Es ist wichtig, dass die emotionale Basis in der Ehe vorhanden und intakt ist, bevor wir über Sex reden. Aber erst wenn das Sexleben intakt ist, können unsere Männer auf unsere anderen Bedürfnisse eingehen. Wenn alle Bereiche verdorrt und ausgetrocknet sind, dann muss einer von Ihnen der Held sein. Ja, es ist völlig legitim, Gegenseitigkeit und Zuneigung von ihm zu erwarten, aber seine sexuellen Bedürfnisse zu vernachlässigen, führt niemals zu der Art von Ehe, die Sie sich erträumt haben. Möchten Sie lieber im Recht sein oder glücklich?

Es liegt ganz bei Ihnen, ob Sie eine Heldin sind. Stürzen Sie sich Hals über Kopf in die berauschende Kraft des Sex. Lassen Sie Gott auf übernatürliche Weise wirken, wenn Sie sich körperlich mit Ihrem Mann vereinigen. Lassen Sie den Geist Gottes Ihr Geschenk an Ihren Mann nutzen, um an seinem Inneren zu arbeiten, und vielleicht werden Sie staunen, wie das Ihre gesamte Beziehung verändert.

Haben Sie in Ihrer Ehe auch mit sexuellen Spannungen zu kämpfen? Inwiefern?

Raus aus dem Schlendergang

Für Ihren Mann ist es so, dass durch Sex Dinge in Ordnung kommen können, und dadurch letztlich auch für Sie. Ergreifen Sie heute einmal die Initiative. Lassen Sie Ihren Partner wissen, dass er geliebt und begehrt ist. Behandeln Sie ihn so, dass er das Gefühl hat, an erster Stelle zu stehen.

35

Mutter des Jahres

Mir ist bewusst, dass bisher von meinem Sohn Caleb schon ziemlich viel die Rede gewesen ist, aber der Junge ist auch wirklich ein Füllhorn an Stoff für Geschichten. Genauso, wie er jetzt ist, ist er schon auf die Welt gekommen, ehrlich. Ich hätte wissen müssen, dass ich mich auf etwas gefasst machen konnte, als er dreizehn Monate alt war und eigentlich seinen Mittagsschlaf hätte halten sollen, während ich meinen Kleiderschrank aufräumte. Er war offenbar aus seinem Gitterbettchen geklettert (zum ersten Mal), die Treppe hinuntergekrabbelt, hatte Gavins Schuhe angezogen (richtig herum), die Haustür geöffnet (zum ersten Mal), war über die Straße gelaufen, hatte den Riegel am Gartentor unserer Nachbarn aufbekommen (das ist kein Witz), war auf deren Trampolin geklettert und vergnügte sich dort.

Als es an unserer Haustür klingelte, ging ich nach unten, und es stand eine Frau vor unserer offenen Tür. Ich überlegte perplex: *Wie um Himmels willen hat die Frau meine Haustür geöffnet?*

Mit diesem Problem war ich gedanklich so beschäftigt, dass ich so ganz und gar nicht auf ihre Frage vorbereitet war: „Haben Sie einen kleinen blonden Sohn?"

Erster Gedanke: *Gavin, der damals fünf war, hatte ihr Kind gehauen. Er hat ihre Gummistiefel geklaut, die vor der Tür standen. Er hat in ihren Garten gepinkelt. Er ist mit dem Fahrrad durch ihre Blumenrabatten gefahren.*

„Gavin? Mein Fünfjähriger?"

„Nein, jünger."

Mir wurde ganz anders und Panik stieg in mir auf.

„Ein kleiner Junge steckt im Trampolin der Nachbarn fest und weint sich die Augen aus dem Kopf. Seit einer Viertelstunde geht das jetzt schon so. Ich habe die Nachbarin angerufen, aber sie ist nicht zu Hause. Ist das vielleicht Ihr Kind? Ich habe nämlich gesehen, dass Ihre Haustür offen steht."

Ich raste über die Straße, um meinen inzwischen völlig überhitzten und verzweifelten *dreizehn Monate* alten Sohn aus seiner misslichen Lage zu befreien. Mich verfolgten Gedanken an all das, was hätte passieren können – ein schnelles Auto, ein streunender Hund, ein Mörder oder Kinderhändler. Um Haaresbreite wären wir eine Geschichte für die Regionalnachrichten geworden. Drei Tage weinte ich ziemlich ununterbrochen und eine ganze Woche lang hatte ich Caleb permanent bei mir.

Das ist Platz eins auf meiner Liste der Rabenmuttermomente. (Andere Momente, die das Rennen hätten machen können, sind unter anderem, als der zweijährige Gavin kurz im Pool unterging, während ich mit meinen Freundinnen am Beckenrand plauderte, oder wie die drei Jahre alte Sydney auf einmal zwanzig Minuten lang in einem großen Kaufhaus verschwunden war, oder als Gavin und sein bester Freund einen halben Kilometer durch den Wald, der hinter unserem Haus angrenzt, zum Austin Community College liefen und mich von dessen Lobby aus anriefen.)

Jahr für Jahr besuchten Josef und Maria das Passahfest in Jerusalem. Als Jesus zwölf Jahre alt war, gingen sie wie gewohnt dorthin und nahmen ihn mit. Nach den Festtagen machten sich die Eltern wieder auf den Heimweg. Jesus aber blieb in Jerusalem, ohne dass sie es bemerkten. Denn sie dachten, er sei mit anderen Reisenden unterwegs. Nachdem sie einen Tagesmarsch weit gekommen waren, begannen sie, bei ihren Verwandten und Freunden nach ihm zu suchen. Als sie ihn aber dort nicht fanden, kehrten sie besorgt um und suchten ihn überall in Jerusalem.
Endlich, nach drei Tagen, entdeckten sie Jesus im Tempel. Er saß mitten unter den Gesetzeslehrern, hörte ihnen aufmerksam zu und stellte Fragen. Alle wunderten sich über sein Verständnis und seine Antworten.
Die Eltern waren fassungslos, als sie ihn dort fanden. „Kind", fragte ihn Maria, „wie konntest du uns nur so etwas antun? Dein Vater und ich haben dich überall verzweifelt gesucht!"
„Warum habt ihr mich gesucht?", erwiderte Jesus. „Habt

ihr denn nicht gewusst, dass ich im Haus meines Vaters sein muss?"
Doch sie begriffen nicht, was er damit meinte.

LUKAS 2,41–50

Mein Sohn hat mit 13 Monaten allein die Straße überquert, aber hey, Maria ist der Retter der Welt abhandengekommen.

Es war für sie bestimmt kein Spaziergang, drei Tage lang ihren Ältesten zu suchen. Mir gefällt der stark vereinfachende Bericht von Lukas darüber, wie Maria auf das Verschwinden ihres Sohnes reagierte: „Kind", fragt ihn Maria, „wie konntest du uns nur so etwas antun? Dein Vater und ich haben dich überall verzweifelt gesucht!"

Jede Mutter kann sich den panischen Blick vorstellen, den sie dabei hatte, ihre „Ich-hab-dich-lieb-ich-bring-dich-um"-Reaktion und ihren Schrecken. Oder ich stelle mir vor, wie Maria, wieder zurück in Nazareth, mit ihren Freundinnen zusammensitzt und sagt: „Ihr *könnt euch gar nicht vorstellen*, was uns passiert ist. Ich bin einen ganzen Tag lang unterwegs gewesen, ohne zu merken, dass mein Kind nicht mehr da war. Das schreit doch förmlich nach dem Preis für die Rabenmutter des Jahres, oder?"

Wohl jede Mutter seit Anbeginn der Zeit hat schon mindestens einmal so einen Rabenmuttermoment erlebt. Bringen Sie eine Gruppe ehrlicher Frauen in einem Raum zusammen und fragen Sie danach. Sie werden zu hören bekommen: „Wir haben unser Kind in der Kirche vergessen, es ist uns im Kaufhaus verloren gegangen, wir haben die Füße unserer Kinder in Schuhe gestopft, die ihnen viel zu klein waren und uns gefragt, wieso sie den ganzen Tag quengeln. Wir haben sie nachts eine Zeit lang weinen lassen, nur um dann festzustellen, dass sie in ihrem eigenen Erbrochenen lagen und wir haben unseren Jungs Pumphosen angezogen – was definitiv auch als eine Art von Misshandlung zählt."

Solche Rabenmuttermomente passieren auch Müttern, die gewissenhaft, fürsorglich, liebevoll, klug, vorsichtig und wachsam sind. Niemand ist immun gegen solche Fehler. Also entspannen Sie sich. Wir kennen so etwas alle, und wenn nicht, dann kommt es noch.

„Seine Mutter aber dachte immer wieder über das nach, was geschehen war" (Lukas 2,51). Ich stelle mir vor, wie Maria diese ganze Woche bündelt – den Hinweg, das Debakel seines Verschwindens, dann die seltsame Entdeckung, wie er bei den Schriftgelehrten im Tempel sitzt – und wie sie denkt: „Das ist mein Kind. Bitte Gott, hab ihn lieb! Hilf mir, Gott!"

Solche Rabenmuttermomente gehören zum Muttersein einfach dazu. Sie sind kein Grund, an Ihrer Fähigkeit zu zweifeln, einen Menschen zu erziehen oder sich zwanghaft auf Ihre Fehler zu konzentrieren. Solche Momente sollten nicht dazu führen, dass wir nur noch ängstlich am Spielfeldrand stehen oder uns vor Angst völlig lähmen lassen. Sie sind ganz normal, und bis unsere Kinder erwachsen sind, werden wir davon ungefähr eine Million erleben. Sie sind Teil der verrückten, unberechenbaren, extremen Schatzkiste des Mutterseins. Und hey, es gibt immer einen Silberstreif am Horizont …

Vielleicht sorgen sie eines Tages dafür, dass Sie viele Bücher verkaufen (Zwinker).

Welches war Ihr schlimmster Rabenmuttermoment?

Raus aus dem Schlendergang

Sorgen Sie dafür, dass so ein Rabenmuttermoment etwas von der Macht verliert, die er immer noch über Sie hat, indem Sie einer anderen Mutter davon erzählen und sie nach ihrem eigenen Rabenmuttermoment fragen. Lachen Sie gemeinsam und schütteln Sie die Angelegenheit dann ab.

36

Keine Liebesgeschichten in der ersten Klasse

Ob Sie es glauben oder nicht, unser jüngster Sohn Caleb ist ein kleiner Casanova. Die Damenwelt mag ihn. Schon mit sieben Jahren beherrschte er die gesamte Klaviatur männlichen Imponiergehabes. In zehn Jahren wird es wahrscheinlich brandgefährlich, aber fürs Erste ist seine animalische Anziehungskraft hauptsächlich unterhaltsam. Wenn Sydney aus dem Schulbus steigt und schreit: „Kimberley hat Caleb geküsst, ohne ihn zu fragen!“, dann zuckt Caleb nur mit den Achseln und verdreht die Augen, als wollte er sagen: „Frauen. Was will man machen?“

Als Caleb in der ersten Klasse war, ließ er eines Tages nach der Schule dramatisch seinen Rucksack fallen und sagte seufzend: „Mama? Brooke, Tatum, Skylar und Kate wollen alle mit mir gehen. Ich habe es Mrs Taylor erzählt, und sie hat gesagt: ‚Keine Liebesgeschichten in der ersten Klasse.‘ “

Andere Selbstverständlichkeiten, die Mrs Taylor in diesem ersten Schuljahr zu meinem Sohn sagen musste, waren:

„Küssen gehört in die Familie."

„Für den Rest des Tages legst du jetzt das Hirschgeweih auf mein Pult."

„Du kannst Cole nicht dafür schlagen, dass er dich Caleb Buttmaker nennt." Die Gute.

In der ersten Klasse ist Liebe noch keine Option.

Soll ich Ihnen was sagen, liebe Mama? Etwas, das Sie unbedingt wissen müssen? Ich kann gar nicht erwarten, es Ihnen zu sagen: Während dieser kurzen Phase, in der Ihre Kinder noch klein sind, dürfen Sie für sich jede Menge Aktivitäten aus den vorhandenen Optionen streichen. Es ist die optimale Zeit, um „nein", „noch nicht", „das geht nicht" und „vielleicht in drei Jahren" zu sagen.

Ich habe in dieser Phase mit kleinen Kindern ehrenamtlich einen Bibelkreis geleitet und kann mich an keine einzige geistliche Erkenntnis aus all diesen Jahren mehr erinnern. An Folgendes erinnere ich mich allerdings noch lebhaft: Ich habe die Kinder sehr früh geweckt, aus dem Bett geholt, angezogen und gefüttert, um rechtzeitig in der Gemeinde zu sein. Ich erinnere mich, wie ich mich abmühen musste, sie ins Auto zu bekommen, wie ich noch einmal zurück ins Haus rannte, um eines ein weiteres Mal zu wickeln, weil es just in diesem passenden Moment noch einmal die Hose vollgemacht hatte. Ich erinnere mich, wie ich schon fünf Kilometer gefahren war und dann noch einmal zurück raste, um das unentbehrliche Fläschchen zu holen, das ich im Kühlschrank vergessen hatte, weil ich nicht grausam genug war, dieses Problem auf die Mitarbeiterinnen der Kinderbetreuung abzuwälzen. Ich erinnere mich, dass ich zwanzig Stundenkilometer schneller als erlaubt zur Gemeinde fuhr, weil ich zu spät dran war und mit drei Kindern, Wickeltaschen, Tupperdosen mit Snacks und der Ausrüstung für die Bibelarbeit beladen in die Gemeinde gerannt kam. Ich erinnere mich, wie ich die drei kleinen Menschen mit tausend Entschuldigungen in der Kinderbetreuung ablud, dann zwei Minuten vor Beginn in den Gruppenraum gehetzt kam, die Teilnehmer begrüßte, verzweifelt versuchte, mich daran zu erinnern, worum es in meiner Bibelarbeit noch mal ging und Mühe hatte, mich mit Gott und Themen, die mit ihm zu tun hatten zu beschäftigen. Denn stattdessen hätte ich mich am liebsten einfach auf den Boden gelegt und geschlafen.

Der Stress, meine Kleinen fertigzumachen, um einen Vormittagsbibelkreis zu leiten, machte all die positiven Auswirkungen, die es für mich hätte haben können und sollen, zunichte. Wenn ich dort ankam, war ich immer schon völlig fertig und fragte mich, wieso um alles in der Welt ich mich dazu hatte breitschlagen lassen. Was jetzt eine große Freude ist und mir unglaublich viel Spaß macht, war damals ausschließlich strapaziös. Es war eine Aufgabe, die ich mit Widerwillen erledigte, und ich bereute, dass ich sie überhaupt übernommen hatte.

Im Gegensatz dazu hatte Jesus wirklich ein Händchen für den richtigen Zeitpunkt. Er wusste, wann er *Ja* und wann er *Nein* sagen musste. Er ließ sich nicht zu früh zu etwas drängen, was ihn von der Aufgabe abgelenkt hätte, mit der er gerade beschäftigt war, oder ihn gar davon abgehalten hätte. Von ihm stammen Äußerungen wie:

> *Meine Zeit ist nahe.*
>
> MATTHÄUS 26,18

> *Es kommt die Zeit, in der hier kein Stein auf dem anderen bleiben wird. Alles, was ihr jetzt seht, wird nur noch ein großer Trümmerhaufen sein.*
>
> LUKAS 21,6

> *Meine Zeit ist noch nicht gekommen!*
>
> JOHANNES 2,4

> *... weil meine Zeit noch nicht gekommen ist ...*
>
> JOHANNES 7,6

> *Ich bleibe nur noch kurze Zeit bei euch.*
>
> JOHANNES 7,33

Jede Phase in Jesu Leben hatte ein konkretes Ziel, einen bestimmten Zweck, und er grenzte seinen Auftrag genau ein. Er tauchte erst in der Öffentlichkeit auf, als er so weit war. Jesus tat erst Wunder, nachdem er seine Jünger ausgewählt hatte. Sie erhielten von ihm erst ihren Auftrag, nachdem sie ihre Vorbereitungszeit bei ihm absolviert hatten, und auch sein Leben gab er erst zu dem Zeitpunkt hin, der dazu vorgesehen war. Jesus war geduldig, fokussiert und sagte immer erst dann *Ja*, wenn der richtige Zeitpunkt gekommen war.

Das, was Sie gerade erleben, liebe Freundin, ist eine Phase, und zwar eine, die nicht ewig dauern wird. Sie dürfen Ihren Auftrag eng eingrenzen und sich entsprechend abgrenzen. Sie dürfen zu allen möglichen Aktivitäten *Nein* sagen – und zwar sowohl in der Gemeinde als auch anderswo. Sie dürfen *Nein* dazu sagen, zu Weihnachten Ihre Eltern zu besuchen, die 12 Autostunden entfernt leben. Solange Sie kleine Kinder haben, können die Eltern zu Ihnen kommen. Sie können *Nein* sagen zu einigen der tollen Sachen, die Sie hervorragend gemacht haben, bevor Sie Kinder hatten. Vielleicht haben Sie den tollsten Flohmarkt aller Zeiten organisiert, aber jetzt haben Sie einen Säugling und ein Kleinkind, und entweder Sie lassen die Wohltätigkeitsaktion sausen oder Sie müssen Ihre Kinder einen Monat lang allein lassen, damit Sie die Sache durchziehen können. Und natürlich können Sie auch *Nein* dazu sagen, im Begrüßungsteam der Gemeinde mitzuarbeiten oder das Amt der Elternsprecherin in der Schule zu übernehmen.

Doch die Phase, in der Sie sich jetzt gerade befinden, ist eine Phase, in der Sie zu ganz bestimmten Dingen auch *Ja* sagen sollen.

Ja zu einem einfachen Zeitplan, der nicht Ihren Familienrhythmus stört. *Ja* zu Aktivitäten, die für alle sinnvoll sind. *Ja* zu Ihrem Mann und der kostbaren Zeit mit der ganzen Familie. *Ja* zu einer realistischen Arbeitsbelastung.

Ja zu Ihren Kindern, die schon bald der Kleinkindphase entwachsen sein werden. Dann können Sie zu Ihrem normalen Programm zurückkehren.

Jesus hatte es begriffen: „Ich bleibe nur noch kurze Zeit bei euch."

- Gibt es zu viele Dinge, zu denen Sie Ja sagen? Was sollten Sie lieber lassen?

- Wenn Sie sich Sorgen machen, dass Sie *jemanden im Stich lassen* oder dass Sie *egoistisch* sind, dann beantworten Sie folgende Frage: Inwiefern beeinträchtigen diese Aktivitäten Ihr Familienleben?

Raus aus dem Schlendergang

Wenn nötig, machen Sie heute den ersten Schritt zu gesünderen Grenzen. Schicken Sie eine E-Mail, tätigen Sie einen Anruf, finden Sie einen Ersatz für sich. Sagen Sie *Nein*.

37

Tun, was die Stimme sagt

Alle unsere drei Kinder haben Jesus ihr Leben anvertraut und ihn gebeten, sie von ihrem Müll zu befreien, und Brandon hat sie alle drei getauft. Jetzt ist es interessant zu beobachten, wie der Heilige Geist in ihrem Leben wirkt. Natürlich ist ihr Glaube noch jung und unausgereift, aber Jesus sagt, dass er in jedem Menschen wohnt, der glaubt, und zwar ohne Altersangabe.

Deshalb kommt es auch immer wieder vor, dass die Kinder von Momenten erzählen, in denen sie *Gott gehört haben.*

Und so spricht Gott mit meinen Kindern:

Gavin: „Ich habe über das Reich Gottes nachgedacht, Mama. Ich habe ja gelernt, dass es nicht irgendwann einmal kommt, sondern in der Bibel steht, dass es *nahe* ist. Gott zeigt mir, was ich dafür tun kann, dass sein Reich in mein Leben kommt. Verstehst du, was ich meine?"

Sydney: „Gestern Abend beim Beten habe ich für etwas anderes gebetet als sonst immer, Mama, weil ich das Gefühl hatte, Gott wollte, dass ich für die obdachlose Frau bete, die wir neulich

getroffen haben, die nur Shorts und ein Tanktop anhatte. Gestern Abend war es so kalt, dass ich einfach das Gefühl hatte, ich muss dafür beten, dass sie in Sicherheit ist und es warm hat."
Caleb: „Hörst du eigentlich nur eine Stimme in deinem Kopf, Mama? Ich höre nämlich eine Million."

Ich: „Hmmm, ich versteh nicht so richtig, was du meinst, mein Schatz."

Caleb: „Na ja, weißt du, jetzt wo ich Christ bin, kann ich doch Gott hören, oder?"

Ich: „Ja, das stimmt. Und was sagt Gott zu dir?"

Caleb: „Also meistens sagt er nur … *Nein.*"

Und haargenau so hätte ich es mir auch vorgestellt, wie Gott mit jedem einzelnen der Kinder spricht, die ich zur Welt gebracht habe. Es ist gut, dass Caleb Christ ist, denn er braucht auf jeden Fall mehrere Stimmen in seinem Kopf, die *Nein* sagen. (Danke, Gott, Jesus und Heiliger Geist, dass ihr mir helft, ihn zu erziehen. Bei ihm ist wirklich ein ganzes Dorf dazu nötig.)

Jesus erklärt:

> *Ihm öffnet der Wächter die Tür und die Schafe hören auf seine Stimme. Der Hirte ruft jedes mit seinem Namen und führt sie aus dem Stall. Wenn er alle seine Schafe ins Freie gebracht hat, geht er vor ihnen her, und die Schafe folgen ihm, weil sie seine Stimme kennen.*
>
> JOHANNES 10,3–4

Ein Zuhörer aus dem ersten Jahrhundert hätte die Feinheiten dieses Bildes von einem Hirten, der seine Schafe ruft, genau verstanden. Jeder Hirte kannte nämlich jedes einzelne Tier aus seiner Herde ganz genau – seine Gewohnheiten, seinen Charakter und seine Besonderheiten. Ja, er hatte sogar für jedes einzelne Schaf der Herde einen eigenen Lockruf. Ein Hirte konnte bei seiner Herde stehen, einen bestimmten Lockruf ausstoßen, und dann kam ein ganz bestimmtes Schaf aus der Herde zu ihm gelaufen. Jedes Schaf hat mit dem Hirten seine ganz eigene Sprache.

Liebe Freundin, Sie sind die Hirtin Ihrer kleinen Herde, und jedes Ihrer kleinen Schafe ist anders. Die unterschiedlichen Persönlichkeiten erfordern jede ihre ganz bestimmte Art der Verständigung. Manche Kinder brauchen große Behutsamkeit und Zartheit, andere wiederum brauchen es eher kurz und klar. Die einen fordern jede Menge Aufmerksamkeit ein, während andere viel Zeit für sich alleine brauchen. Manche Kinder mögen es, wenn ihnen alles haarklein erklärt wird, während andere mit einem Satz zufrieden sind und dann bei weiteren Erklärungen ihr Blick glasig wird.

Mein erstes Schaf ist Minimalist – möglichst wenig Worte und einfache Ansagen, sonst kommt schnell der besagte glasige Blick. Für ihn bedeutet gemeinsame Zeit Nähe und nicht Kommunikation. Mein zweites Schaf hat zwei Millionen Fragen zu jedem Detail, jeder Situation, jeder Möglichkeit im gesamten Universum. Sie braucht Zeit und zwar viel. Ich darf es nicht wagen, mit Fakten und Informationen zu sparen oder gar etwas auszulassen. Und mein kleinstes Lamm gedeiht am besten mit viel

Ermutigung und kann *absolut gar nichts* mit Ironie anfangen. Da haben wir leider hin und wieder ein kleines Problem.

Mit jedem Mitglied meiner kleinen Herde muss ich in seiner eigenen Sprache sprechen oder zumindest in einer Sprache, die es versteht und beherrscht, sonst reißt die Kommunikation ab. Ich weiß, was meine Lämmer brauchen und was ich ihnen zumuten kann. Ich weiß, wie ich ihre Aufmerksamkeit bekomme und dafür sorgen kann, dass ich sie auch behalte. Wenn ich die Schäfchen mit einem Ruf zu mir holen will, der nicht zu ihnen passt, dann ist es für sie sehr viel schwerer, mir zu folgen.

„Die Schafe hören auf seine Stimme. Der Hirte ruft jedes mit seinem Namen und führt sie aus dem Stall." Lernen Sie die Sprache Ihrer kleinen Herde, genauso wie Jesus es bei uns tut. Beobachten Sie, was funktioniert und was nicht, und achten Sie auf die Reaktionen Ihrer Kinder. Gehen Sie geduldig und liebevoll vor, wenn Sie ganz individuell auf die Bedürfnisse Ihrer Kinder eingehen. Vielleicht müssen Sie dabei erst einige verschiedene Sprachen lernen, aber dann werden Ihnen Ihre kleinen Schafe auch gerne folgen, wenn sie Ihre Stimme rufen hören.

- Wie würden Sie *den Ruf* beschreiben, mit dem Sie Ihr jeweiliges Kind erreichen?

- Haben Sie bei einem Ihrer Kinder schon einmal versucht, einen eckigen Pflock in ein rundes Loch zu schlagen? Wenn ja, wie können Sie die Kommunikation mit diesem Kind verbessern?

Raus aus dem Schlendergang

Nehmen Sie sich heute Zeit, mit jedem Ihrer Kinder genau in seiner Sprache der Liebe zu sprechen.

38

„Nein Hände, nein Jesus!"

Meine Freundin Christi hat eine Tochter, die von ihrem Mann Brett liebevoll *wilder Hengst* genannt wird, obwohl sie Caroline heißt. Sie ist schon keck und draufgängerisch aus dem Mutterleib geschlüpft und Christi sorgt schon seit Jahren mit Geschichten über ihre Tochter für gute Unterhaltung. Eine meiner Lieblingsgeschichten über Caroline stammt aus der Zeit, als sie erst 22 Monate alt war.

Die kleine dreiköpfige Familie saß beim Abendessen und Christi – immer auf Ordnung und Disziplin bedacht – sagte: „Okay, Macy, bevor wir jetzt essen, fassen wir uns noch bei den Händen und beten zu Jesus."

Doch als Christi nach Carolines Händchen griff, zog diese es weg und sagte mit knallhartem Blick: „Nein, Hände."

Christi blieb geduldig und wiederholte noch einmal: „Okay,

wir wollen Jesus nur Danke sagen für das Essen, bevor wir anfangen. Du und ich und Papa beten zusammen, ja?"

Doch Caroline senkte den Kopf und murmelte: „Nein, Jesus."

„Wir beten, bevor wir essen, Macy Caroline. Du hast die Wahl. Wenn du nicht betest, dann isst du auch nicht."

Daraufhin zögerte das Mädchen kurz, warf sein gesamtes Essen auf den Boden und starrte die Eltern an wie ein Nachwuchsmafioso.

Also wurde Caroline auf den stillen Stuhl geschickt, während Christi und Brett anfingen zu essen. Ungefähr alle zwei Minuten fragte Christi ihre Tochter danach: „Willst du jetzt wieder an den Tisch kommen, beten und dann mit uns essen?" Aber Caroline sagte jedes Mal: „Nein Hände, nein Jesus."

Zwei Minuten später: „Willst du jetzt beten?"

„Nein Hände, nein Jesus."

Fünfundzwanzig Minuten später, die Eltern waren inzwischen fertig mit dem Essen: „Hast du es dir jetzt überlegt, Caroline?"

„Nein Hände, nein Jesus."

Die meisten noch nicht ganz Zweijährigen hätten irgendwann nachgegeben. Maximal drei Minuten auf dem stillen Stuhl, und sie hätten auch zu SpongeBob oder sonst wem gebetet, um ihre Chicken Nuggets zu bekommen. Aber Sie kennen ja sicher auch die Weisheit: „Es ist schwer, einen wilden Hengst zu zähmen."

Kleinkinder und Kinder im Vorschulalter zu erziehen, ist für jede Mutter ihr persönliches Armageddon. Wer hätte in dem Moment, als man uns das kleine Bündel Mensch in den Arm legte, gedacht, dass es schon in fünfzehn Monaten einen eisernen eigenen Willen haben würde? Wer hätte in dem Moment daran gedacht, dass es sich schon so bald auf die Hinterbeine stellen und bei jeder Kleinigkeit kämpfen würde? Niemand hat uns gesagt, dass wir unser Kleinkind an einem Tag dreizehnmal in sein Zimmer schicken würden, und zwar *immer wegen der gleichen Sache*. Ein Kleinkind kann eine erwachsene Frau durch seine Bockigkeit zum Weinen bringen.

Aber wenn Sie Ermutigung brauchen, dann schauen Sie sich doch einfach an, wie Gott uns erzieht. Er ist doch auch ein Vater, und wir sind störrische Kinder. Wir stampfen mit den Füßen auf, werfen unser Essen auf den Boden und sagen: „Nein!"

Und so geht Gott mit unserer Rebellion um:

> *Wie ein Vater seinen Sohn erzieht, den er liebt, so erzieht der Herr jeden mit Strenge, den er als sein Kind annimmt. Wenn ihr also leiden müsst, dann will Gott euch erziehen. Er behandelt euch als seine Kinder. Welcher Sohn wird von seinem Vater nicht erzogen und dabei auch einmal streng bestraft?*
>
> HEBRÄER 12,6–7

Echte Liebe erzieht und weist zurecht. So einfach ist das. Die höchste Form der Liebe ist es, unseren Kindern zu Recht zu helfen, wenn ihre menschliche Natur um Kontrolle kämpft. Disziplin weiß, dass aus Widerspenstigkeit Rebellion wird und aus Respektlosigkeit Feindseligkeit. Wir lieben unsere Kinder einfach zu sehr, um zuzulassen, dass der Feind mit ihnen macht, was er will – und ja, sie haben einen Feind, dessen Ziel es ist, ihnen ihre Unschuld zu rauben, ihren Liebreiz abzutöten und ihre Zukunft zu zerstören. Die Liebe zwingt uns einzugreifen. Sie weigert sich, tatenlos dabeizustehen, zu müde, um Grenzen zu setzen oder zu passiv, um Konsequenzen folgen zu lassen.

> *Außerdem: Haben wir nicht unsere leiblichen Väter geachtet, die uns auch gestraft haben? Wie viel mehr müssten wir dann die Erziehung unseres göttlichen Vaters annehmen, der uns ja auf das ewige Leben vorbereitet.*
>
> HEBRÄER 12,9

Das ist ein langfristiges Engagement, und rechnen Sie außerdem damit, dass Ihre Kinder sich gegen diesen Veredelungsprozess sträuben werden. Seien Sie auf Tränen gefasst, auf Wutanfälle und Wiederholungstäter. Ein Kind, das noch nicht schulpflichtig ist, kann seine eigene Entwicklung nicht reflektieren oder sich vorstellen, wie es in zehn Jahren sein wird – das können nur Sie, und deshalb tragen Sie auch die Last dieses Wissens. Doch eines Tages wird Ihr Kind Hochachtung dafür haben, dass Sie sich geweigert haben, Ihre Erziehung zu vernachlässigen. Wenn Ihr Kind selbstbeherrscht ist, verantwortungsbewusst und zuverlässig, kann es sich dafür bei Ihnen bedanken, und das wird es auch tun. Genau wie seine Frau, sein Mann, Chef, Freunde, Nachbarn, Kinder, Kollegen und angeheiratete Familie.

Natürlich freut sich niemand darüber, wenn er bestraft wird; denn Strafe tut weh. Aber später zeigt sich, wozu das alles gut war. Wer nämlich auf diese Weise Ausdauer gelernt hat, der tut, was Gott gefällt, und ist von seinem Frieden erfüllt.

HEBRÄER 12,11

Unangenehm und schmerzlich heißt ja nicht übertrieben und feindselig. Unsere Kinder sind Menschen, und es steht ihnen zu, respektvoll behandelt zu werden. Kinder zurechtzuweisen heißt nicht, sie anzuschreien, zu misshandeln, zu vernachlässigen, zu demütigen oder zu beschämen, denn so behandelt Gott uns auch niemals. Diese Art von *Erziehung* bringt nämlich niemals Menschen hervor, *die Gott gefallen und von seinem Frieden erfüllt sind.*

Unsere Kinder zu positiven Menschen zu formen erfordert, einen hohen Maßstab anzulegen und klare Konsequenzen von einer ruhigen Mutter, die sich nicht benimmt, als wäre sie reif für die Psychiatrie. Schicken Sie Ihre kleinen Übeltäter ein paar Minuten auf ihr Zimmer, bis sie sich wieder beruhigt haben. Atmen Sie ein paarmal tief durch, und werden Sie Ihren Zorn los. Anschließend überlegen Sie, was wohl dem Ausraster Ihres Nachwuchses zugrunde lag – Egoismus, Trotz oder Aggression – und wenn Sie dann so weit sind, reden Sie in Ruhe mit dem Kind über Ihre Aufgabe als Mutter. Sprechen Sie mit dem Kind über sein Fehlverhalten, und darüber, dass Sie ihm helfen möchten, sich dieses abzugewöhnen und warum das wichtig ist. Und dann bleiben Sie bei Ihren Konsequenzen, so gern Sie diese auch umgehen würden.

> *Darum heißt es: „Stärkt die kraftlosen Hände! Lasst die zitternden Knie wieder fest werden! Bleibt auf dem geraden Weg, damit die Schwachen nicht fallen, sondern neuen Mut fassen und wieder gesund werden."*
>
> HEBRÄER 12, 12–13

Sie schaffen das. Es fällt unseren Kindern noch schwer zu laufen („Hände nein, Jesus nein"), aber wir wollen doch nicht, dass sie lebensuntüchtig werden, weil wir ihre schlechten Entscheidungen schönreden oder sie ihnen einfach durchgehen lassen. Möge es uns gelingen, ihnen einen Weg zu bereiten, auf dem sie in ihrer frühen Kindheit gehen können. Und eines Tages werden sie uns dann – mit Gottes Hilfe – gesund und heil verlassen. Und vielleicht geben sie uns dann vor dem Essen sogar die Hand und beten.

Wie würden Sie Ihre Erziehung beschreiben? Funktioniert sie?

Raus aus dem Schlendergang

Fassen Sie heute den Entschluss, klare Grenzen zu setzen. Sie durchzusetzen ist schwer und unbequem, aber lieber jetzt als in zwanzig Jahren, wenn Ihre Kinder nicht ausziehen wollen.

39

Miese Abstammung

Kürzlich kamen meine Freundinnen und ich beim Essen auf das Thema, wie wir unsere Kinder verkorkst haben. Weil wir nun mal diejenigen sind, die den größten Einfluss auf unsere Kinder haben, ist das praktisch unvermeidbar, und so überlegten wir eine nach der anderen, was unsere Kinder wohl dereinst zu ihren Therapeuten sagen werden:

„Meine Mutter hatte einen Stock im Hintern."

„Meine Mutter hat das Putzen mehr geliebt als ihre Kinder."

„Meine Mutter hat immer geschrien wie ein Affe in Panik."

„Meine Mutter hat uns im Garten hinter dem Haus ausgesperrt."

„Meine Mutter hat mir mit dem Feenzauberstab eine übergezogen."

„Meine Mutter war völlig fixiert auf irgendwelche Erziehungslehrsätze, die sie aus Büchern hatte."

„Meine Mutter hat mal zu mir gesagt, dass ich mir mein eigenes Grab buddeln soll."

Guter Gott, hab Erbarmen! Unsere Kinder haben einiges an Problemen zu verarbeiten. Und wir können uns alle die unausweichliche Antwort vorstellen, die ihnen ihr Therapeut auf diese Sätze geben wird: „Gut, dann lassen Sie uns über Ihre Mutter reden ..." Keine Mutter ist perfekt. Wir versagen alle.

Aber so mancher hat weit Tragischeres über die Familie zu berichten, in der er aufgewachsen ist. Zum Beispiel:

„Meine Mutter war Alkoholikerin und hat weggeschaut, wenn mein Vater mich missbraucht hat."

„Mein Vater hat uns verlassen."

„Die Liebhaber meiner Mutter haben mir meine Kindheit zur Hölle gemacht."

„Meine Familie war bettelarm, und ich habe oft gehungert."

„Mein Vater hat mich geschlagen, wenn er wütend war."

„Meine Eltern waren zu beschäftigt, um mir Liebe zu geben."

„Mir ist immer gesagt worden, ich sei ein *Unfall* gewesen, und eigentlich hätte es mich nicht geben sollen."

Vielleicht haben Sie in Ihrer Kindheit Schaden genommen durch seelische oder körperliche Misshandlungen, durch Vernachlässigung, Verlassenwerden oder Angst. Sie haben sich geschworen, es einmal besser zu machen, niemals zu trinken oder zu schlagen oder Ihre Kinder zu verlassen, und für sie ein Familienleben zu gestalten, wie Sie es selbst nie hatten.

Aber vielleicht haben Sie trotzdem mit den gleichen Neigungen und Gewohnheiten zu kämpfen wie Ihre Mutter, Ihr Vater oder Ihr Stiefelternteil. Womöglich sagen Sie jetzt selbst Dinge, die Sie als Kind zu hören bekommen haben, und die Sie tief verletzten. Vielleicht macht Dauerstress Sie gewalttätig – weil Sie keinen anderen Umgang damit kennengelernt haben als mit Gewalt. Und womöglich entdecken Sie Ähnlichkeiten mit den schädlichen Mustern in Ihrer Ursprungsfamilie, was Ihnen furchtbare Angst macht.

Lügner, Intriganten, ewige Opfer, Prostituierte, Ehebrecher, Mörder, Manipulierer, Götzenanbeter, Rebellen, ein Niemand … das waren Menschen aus dem Stammbaum Jesu. Das ist sein Erbe. Er entstammte einer langen Reihe von Gaunern und Halunken. Seine Vorfahren waren bestenfalls bunt zusammengewürfelt, schlimmstenfalls skandalös, und von dieser Reihe von Problempersonen stammt der Retter des Universums, der Stern von Bethlehem und Erlöser der Sünder ab. Sie sind nicht durch das Scheitern von Generationen vor Ihnen festgelegt. Deren Fehler entscheiden nicht über Ihre Zukunft. Und durch Jesus können Sie Befreiung erfahren. Ich habe schon unzählige Frauen erlebt, die mutig diesen Teufelskreis durchbrechen und ihren Kindern ein liebevolles Zuhause geben, obwohl sie selbst nur Gewalt erlebt haben. Missbrauchte Menschen müssen nicht zwangsläufig selbst wieder zu Missbrauchern werden. Menschen, die als Kinder vernachlässigt wurden, müssen nicht zwangsläufig ihren Kindern das gleiche antun.

Die Mutter von Jesus hat gesagt: „Seine Barmherzigkeit bleibt für immer und ewig, sie gilt allen Menschen, die in Ehrfurcht vor ihm leben" (Lukas 1,50).

Vielleicht haben Ihre Eltern keine Ehrfurcht vor Gott, aber Sie können die Erste aus Ihrer Familie sein, für die dieses

Versprechen gilt, eine, die die Barmherzigkeit des Himmels weitergibt an die nächste Generation. Es gibt kein Elend, aus dem Gott nicht etwas Gutes machen, keine Zerbrochenheit, die er nicht in Schönheit verwandeln könnte.

Es ist nicht Ihre Aufgabe, sich selbst zu heilen; das ist das Werk von Jesus. Darin ist er am allerbesten. Er ist ein machtvoller Heiler. Ihre Verantwortung besteht nur darin, mit Jesus gemeinsam die schwere Arbeit der Vergebung zu beginnen. Denn Sie können keinen zerstörerischen Kreislauf durchbrechen, solange Sie immer noch an Ihre Bitterkeit gebunden sind.

In ihrem Buch *Liebevoll Grenzen setzen* schreiben Henry Cloud und John Townsend: „Wenn Sie sich weigern, jemandem zu vergeben, dann haben Sie immer noch Forderungen an diesen Menschen, selbst wenn es nur die nach Rache ist, und dadurch *bleiben Sie immer an diesen Menschen gebunden* … (Vergebung) beendet Ihr Leiden, weil sie den Wunsch nach Vergeltung beendet. Vergeltung bringt Sie kein Stück weiter, sondern sie macht Sie nur innerlich krank, weil Ihre Hoffnung immer wieder aufgeschoben wird (Sprüche 13,12) … Lösen Sie sich also davon und Sie sind frei."*

Aber verwechseln Sie Vergebung bitte nicht mit Leugnung. Gott leugnet niemals eine Ungerechtigkeit. Wenn wir ihm wehtun, dann benennt er das, trauert darüber und bringt seine Gefühle darüber zum Ausdruck. Er sagt nicht, *ist schon gut* oder

* Dr. Henry Cloud and Dr. John Townsend, *Liebevoll Grenzen setzen* (Gerth Medien, 2014), Hervorhebung der Autorin.

nicht so schlimm. Und er schaut auch nicht weg oder kehrt die Sache unter den Teppich, sondern er setzt sich damit auseinander, gesteht seine Gefühle ein und lässt die Sache dann los.

Vergebung führt nicht zwangsläufig immer auch zur Versöhnung. Gott hat der ganzen Welt die Sünden vergeben, aber nicht jeder hat eine Beziehung zu ihm. Warum ist das so? Weil nicht alle zu ihrer Sünde stehen. Vergebung ist etwas Einseitiges. Sie hat nichts damit zu tun, dass es dem anderen auch leidtut. Vergebung vollzieht sich im Inneren eines Menschen, und zwar dadurch, dass er freiwillig auf etwas verzichtet, das ihm eigentlich zusteht. Er verdammt den anderen nicht mehr, und der andere ist frei von seinem Zorn.

Und auch er selbst.

Vielleicht ist Ihre Ahnenreihe ebenfalls voller Gauner und zwielichtiger Gestalten; vielleicht hat die Geschichte Ihrer Familie – genau wie die von Jesus' Familie – Ähnlichkeit mit einer Filmtragödie. Aber Sie sind gerettet. Und Sie haben das Geschenk bekommen, Mutter zu sein. Ihre kleinen Kinder sind unschuldig und rein. Sie sind unverdorben durch die Lasten, die Ihnen in Ihrer Kindheit aufgebürdet wurden. Sie können ganz neu und unbelastet anfangen, mit Liebe, Lachen, Barmherzigkeit und Hoffnung. Obwohl Sie verletzt worden sind, werden Sie selbst jemand sein, der etwas in Ordnung bringt. Ihr altes Etikett lautet vielleicht *unerwünschte Tochter* oder *missbrauchte Tochter*, aber jetzt lautet es *Tochter Gottes*, und nichts und niemand kann Ihnen diesen Status und diese Ehre nehmen. Jesus vernichtet die Namen, die uns einmal definiert haben und ersetzt sie durch:

Geliebt.
Erlöst.
Wiederhergestellt.

> *Denn Gott hat große Dinge an mir getan, er, der mächtig und heilig ist!*
>
> LUKAS 1,49

- Sind Sie die Erste einer neuen Generation, die Jesus nachfolgt? Willkommen in der Familie.

- Was erträumen Sie sich für sich und Ihre Familie?

Raus aus dem Schlendergang

Einer der ersten Schritte in Richtung Vergebung ist Empathie, also die Fähigkeit, sich in den anderen hineinzuversetzen. Bitten Sie Gott, Ihnen zu helfen, sich vorzustellen, wie es für die Person war, die Sie so verletzt hat, als sie noch klein war.

40

Geliebt

John und Audrey sind ein Pastorenehepaar in einer anderen Gemeinde bei uns vor Ort, mit dem wir gut befreundet sind. Letztes Jahr beobachteten wir, wie John am ersten Schultag des neuen Schuljahres mit einem langen Stab in der Hand seine Zwillinge zu Fuß in die Vorschule brachte.

„Willst du damit die Kinder schlagen, die deine Kinder beschimpfen?", fragten wir auf unsere klassisch sarkastische Weise.

Er lachte und erzählte uns dann, warum er mit einem großen Stock in die Elm Grove Elementary School unterwegs war.

Am Abend zuvor hatten John und Audrey zu Hause eine kleine Aussendungszeremonie abgehalten und dabei ihre Kinder für den neuen Lebensabschnitt gesegnet. Für Tyler hatten sie die Geschichte von Mose vorgelesen und zugefügt: „Tyler, so wie Mose wirst du ein Führer sein, und Gott wird dich nicht verlassen. Dies ist der Stab, der dir Mut gibt und dich daran erinnert, dass Gott treu ist und für ihn nichts unmöglich ist." Deshalb der Stab.

Ihrer Tochter sagten sie folgende Worte: „Callie, du bist wie der Jünger in 1. Thessalonicher, sanft und behutsam zu den Menschen so wie eine Mutter sich um ihre Kinder kümmert. Du wirst den Kindern, denen du begegnest, Liebe und Weichheit schenken."

Die Eltern sprachen also diese kraftvollen Segensworte über ihren Kindern aus, sandten sie als Jünger aus und vollzogen auf diese Weise den Übergang von der Kleinkindzeit zu Hause zur Schulzeit. Sie sprachen den beiden die Gaben der Leitung und des Mitgefühls zu und schickten sie damit auf den Weg zu ihrer Bestimmung. Was für großartige Eltern! Wir sind sehr dankbar für die Freundschaft mit ihnen.

Auch wir haben außer der rein körperlichen Versorgung unseren Kindern etwas ganz Besonderes zu geben. Das lateinische Wort für *segnen* heißt *benedicere* und besteht aus zwei Teilen – *bene* und *dicere* –, wörtlich übersetzt bedeutet das gut (bene) sprechen (dicere). Wir haben die Macht, Segen in das Leben unserer Kinder hineinzusprechen, liebe Mamas. Wir können mit Jesus über sie reden und mit ihnen über Jesus.

„Im hebräischen Denken", schreibt Karla Worley in ihrem Buch, „hatte das gesprochene Wort eine ganz eigene Macht. Es war nicht nur ein Gedanke, sondern konnte tatsächlich etwas ins Leben rufen. Als Isaak Jakob statt Esau seinen Segen gab, da war das ein Akt – etwas, das vollzogen war und nicht wieder rückgängig gemacht werden konnte. Genauso hatte ein Wort, das einmal gesagt war, die Macht, sich selbst zu erfüllen. Es konnte sich selbst *ins Sein bringen*. Über jemandem einen Segen zu sprechen, bedeutete also, Segen zu verursachen, dafür zu sorgen, dass diese Person gesegnet war."*

Henri Nouwen schreibt zu diesem Thema: „(Ein Segen) ist mehr als ein Wort des Lobes oder der Wertschätzung; er bedeutet mehr, als auf die Talente und guten Taten eines Menschen hinzuweisen; er ist mehr, als jemanden ins Licht zu stellen. Einen Segen zu erteilen bedeutet zu bestätigen, Ja zu sagen dazu, dass ein Mensch geliebt ist."**

Ihre Kinder sind in so vielerlei Hinsicht geliebt. Sie haben einen schönen Geist, und ihr Vater im Himmel ist von ihnen hingerissen. Sie sind einfach wunderbar als Personen und die Engel sehen unablässig das Gesicht Gottes in ihnen (vgl. Matthäus 18,10). Ihre Kinder sind unschuldig und vertrauensvoll, urkomisch und zart. Jesus liebt jedes Einzelne von ihnen auf einzigartige Weise. Kinder bringen Freude und Lachen in Ihre Familien, und Ihr Leben liegt noch vor ihnen, verheißungsvoll und mit so viel Potenzial.

Wir haben das Vorrecht, diese Tatsache in ihr Leben hineinzusprechen und dadurch quasi zu aktivieren. Dazu zählen positive Sätze wie folgende:

„Du bist so freundlich. Das mag Jesus an dir."

„Gott lässt dich nie allein, egal, was passiert."

„Gott hat so viel mit deinen Gaben vor."

* Karla Worley, *Traveling Together* (Birmingham, AL: New Hope Publishers, 2003), 151.

** Henri Nouwen, *My Sister, My Brother: Life Together in Christ* (Ijamsville, MD: The Word Among Us Press, 2005), 99.

„Komm, ich zeig dir einen Vers. Der ist speziell für dich."

„Du bist so ein wichtiger Teil der Familie."

„Ich bin so froh, deine Mama zu sein."

„Ich hab dich so lieb."

Jesus sagt: „Die Worte aber, die ich euch gesagt habe, sind aus Gottes Geist und bringen das Leben" (Johannes 6,63). Nicht wahr? Jesus hat schon Leben in Millionen Menschen hineingesprochen. Und wir sind aufgerufen, unseren Erlöser nachzuahmen. Wir haben Leben spendende Kraft, wenn wir segnen.

Wenn Sie zu mir sagen, dass ich in Christus stark bin, dann bin ich das auch. Wenn ich meinen Kindern sage, dass sie in Jesus schön sind, dann werden sie es immer mehr. Wenn wir einander sagen, dass wir unsere Aufgabe als Mütter großartig machen, dann werden wir darin noch besser.

Lassen Sie uns dafür sorgen, dass unseren Kindern ihr Gesegnetsein anzumerken ist. Lassen Sie uns Worte der Kraft und der Barmherzigkeit in ihren Geist hineinsprechen und ihnen zeigen, wer sie in Christus sind. Lassen Sie uns den Segen des Himmels hineinsprechen in die Persönlichkeit, die sie schon jetzt sind: Erwählt, kostbar, geliebt, unentbehrlich, begabt, erlöst, bevollmächtigt und wertgeschätzt. All das ist wahr, aber es wird noch realer, wenn wir es tatsächlich aussprechen.

Sie zu segnen, ist die größte Bestätigung, die wir ihnen geben können. Lassen Sie uns genau wie Jesus dafür sorgen, dass unsere Kinder darin geborgen sind.

„Dann nahm er die Kinder in seine Arme, legte ihnen die Hände auf und segnete sie" (Markus 10,16).

Welches Gesegnetsein können Sie bei Ihren Kindern wecken? Was ist an jedem von ihnen besonders?

Raus aus dem Schlendergang

Sagen Sie es ihnen heute und sprechen Sie Segen in ihr Leben hinein.

FSC
www.fsc.org
MIX
Papier aus verantwortungsvollen Quellen
FSC® C014496

Die amerikanische Originalausgabe ist im Verlag Revell,
a devision of Baker Publishing Group, Grand Rapids, Michigan (USA)
erschienen unter dem Titel „Out Of The Spin Cycle“.

Wenn nicht anders erwähnt wurden die Bibelzitate der Übersetzung Hoffnung für alle® verwendet:

1. Auflage 2018
Bestell-Nr. 817472
ISBN 978-3-95734-472-4

Umschlaggestaltung: Hanni Plato
Umschlagmotiv: gettyimages, Westend61
Satz: Greiner & Reichel, Köln
Druck und Verarbeitung: GGP Media GmbH, Pößneck
Printed in Germany

www.gerth.de